AF280972

Verlag: BoD · Books on Demand GmbH,
Überseering 33, 22297 Hamburg, bod@bod.de
Druck: Libri Plureos GmbH,
Friedensallee 273, 22763 Hamburg
ISBN: 978-3-7597-2145-7

Carl Dietrich Engel

&

Leopold Engel

Führung einer Seele

im Jenseits

Umfassend neu überarbeitet

Zur kurzen Einleitung...

Zu Händen gereichte Kundgabe aus dem sogenannten Jenseits an seinen, mit der Gabe des geistigen Hellhörens begnadeten, Sohn, Leopold Engel [1], inhalts der ersten Erfahrungen eines der Erde abgeschiedenen Erdenpilgers, entstand im Frühjahr 1921.

Der acht Jahre zuvor Verstorbene ist Carl Dietrich (Karl Diederich) Engel [2].
Schon als Kind hatte er eine besondere Vorliebe für allerhand Künste gezeigt, bereiste, mit seinem Vater und seinem Bruder, die Niederlande und gab dort Konzerte.
Die beiden Brüder galten als Wunderkinder. Carl wurde ein hervorragender Violinist, der alle technischen Schwierigkeiten leicht bewältigte; er spielte sämtliche Kompositionen von Paganini unverändert. 1843 kam er, als Solist und Vorgeiger, zur Kapelle des Fürsten Narischkin im Gouvernement Rjasan. Vier Jahre später wurde er Mitglied der Kaiserlich-Russischen Kapelle in der, bis 1917 als Hauptstadt des Zarenreiches fungierenden, Metropole Sankt Petersburg.
Nach seiner Pensionierung, 1860, kehrte Carl Engel mit dem Titel eines "Kaiserlich-Russischen Konzertmeisters" nach Oldenburg (in Oldenburg) zurück, wo er, mit Unterbrechungen, bis 1869 lebte. Er siedelte dann nach Dresden über; ab 1904, bis zu seinem Tod, am letzten Januar-Tag 1913, wohnte er bei seinem Sohn Leopold in Berlin-Adlershof.

Ebenfalls einen bedeutenden Namen machte sich Carl Dietrich Engel in reiferen Jahren als Faust-Forscher - er wurde auf dem Gebiet dieser Literatur zu einer Koryphäe und Autorität. Auch erstreckte sich sein Interesse und Verständnis auf alle Gebiete der Seelenforschung und Erkenntnis der geistigen Welt.

Hinter der Pforte seiner Seele Übergang in ihre ureigenste, feinstofflich-geistige Heimat, durfte er nun verfolgen, ob sich das von ihm im Erdenleben Gelernte bewahrheitete, und wie sich seine ersten Schritte im Leben jenseits des Schleiers, den - aus unserer Sicht - der irdische Tod über den weiteren Weg eines dem physischen Leibesleben Abgeschiedenen wirft, gestalteten...

Vorliegende Edition stellt eine sehr umfangreiche Überarbeitung dar, welche sich - unter anderem - durch ein tiefes Verständnis der spirituellen Grundlagen auszeichnen möchte, ohne die, übrigens, die nachfolgende gründliche Redigierung des Textes nahezu unmöglich gewesen wäre; inklusive Bereinigung der oft verstellten Syntax und gelegentlicher Modernisierung antiquiert erscheinender Ausdrucksweisen. Weiters habe ich Wert darauf gelegt, einen doch recht komplex gewordenen Nachspann mit diversen Anmerkungen hintanzufügen, die für den forschenden Leser interessant sein dürften, respektive den Text mit Hintergrundinformationen beleuchten oder erklären.

Uwe Laubach

Altmorschen, im Juli 2024

Inhalt

1 - Zu Gast in fremdem Lande

Mein lieber Sohn!
Du bist bereit zu schreiben, und das erfreut mich ungemein,
da ich überzeugt bin, dass meine Erfahrungen Dir - und auch
anderen - von Nutzen sein werden.
So höre bitte genau zu!

Als ich, wie man es zu benennen pflegt, im Sterben lag und
fühlte, wie es mit mir zu Ende ging, rief ich, wie Du weißt, den
Himmlischen Vater um Hilfe und Beistand an; denn ich muss
gestehen, dass mir der Gedanke denn doch nicht so ganz
sympathisch war, von der Erde scheiden zu müssen.
Ja, ich wäre ganz gerne wieder gesund geworden und hatte
damals keine Ahnung, welche Gnade mir doch eigentlich
zuteilwurde, dass ich die für euch auf Erden so trübe Zeit [1]
gar nicht mehr miterleben brauchte.

Nun - mein Rufen verhallte nicht ungehört; denn mir erschien
mein Vater [2], der Dir über seinen Hingang auch schon
genaue Mitteilungen zukommen ließ, und tröstete mich, wies
mich auf den Herrn Jesus hin, an welchen ich mich nur
vertrauensvoll halten sollte...
Und plötzlich fühlte ich, dass mein Körper, wie etwas
"Schweres", von mir abfiel und ich ganz frisch und munter
dastand! Mein Vater umfasste meine Schultern, denn mich
überfiel auf einmal eine bleierne Müdigkeit, so dass ich kaum
wusste, was im Folgenden mit mir geschah.
Ich bemerkte nur, dass ich irgendwie emporgehoben und
fortgeführt wurde...

Als sich meine Sinne wieder sammelten und ich meine
Umgebung erkannte, befand ich mich in einem wunderschönen, parkähnlichen Garten.

Mein Vater stand neben mir und begrüßte mich freundlichst. "Für die Welt bist Du jetzt tot - gestorben", klärte er mich auf, "und bist herzlichst eingeladen, eine Weile, das heißt vorläufig, in meinem Heim zu bleiben."

Natürlich war ich sehr erstaunt über diese Worte; noch mehr aber darüber, dass mein Vater tatsächlich ein solches Haus bewohnte, wie er es Dir damals beschrieb - nur war es jetzt bedeutend größer geworden als die seinerzeitige Skizzierung vermuten ließ. Schön eingerichtet und von einem weiten Grüngelände umgeben, sprühend erfüllt von blühenden und Früchte tragenden Bäumen, Sträuchern und allerhand Pflanzen...

Hier fand ich auch meine verstorbene Mutter vor; das heißt Vaters erste Frau, nicht ihre Schwester, die ja seine zweite Frau wurde [3]. Ebenfalls anwesend war meine Schwester Wilhelmine [1832 - 1854]. Die anderen leben nicht bei ihm - auch Friedrich [1821 - 1882], mein Bruder, nicht.

Ich blieb längere Zeit dort - badend in herrlicher Ruhe und Harmonie; erkannte dann aber immer mehr, dass dieser Zustand doch nicht "ewig" so bleiben könne, weil ich gewiss nicht danach trachtete, in einer schwelgerischen Untätigkeit zu verharren, die zwangsläufig einem baldigen seelischen Stillstand gleichkäme, das heißt eine unerwünschte Stagnation nach sich zöge...

Nun, die gebrechlichen Schwächen des Alters waren definitiv von mir gewichen; ich fühlte mich stark und regsamen Geistes, wusste aber noch nicht, wie es anzufangen sei, selbständig zu werden.

Das verwundert Dich, nicht wahr...

Ich hatte doch die neuen Offenbarungsschriften [4] gelesen und so könnte man vermeinen, dass mir eigentlich die verschiedenen Gegebenheiten des Jenseits nicht wirklich unbekannt sein sollten...

Allerdings - die Angelegenheit war leidlich diffiziler, das heißt verzwickter!

Stelle Dir vor, Du schriebest viele Geschichten lehrreichen Inhalts. Du *hast* ja auch zahlreiche vorzügliche Schriften voller Lebensweisheit verfasst; lehrst Selbst- und Menschenkenntnis – und doch *handelst* Du öfters verkehrt, weil Theorie und Praxis zweierlei sind...
So erging es auch mir.

Du hattest Dich, um ein Beispiel zu nennen, manchmal geärgert, wenn ich keine Neigung erkennen ließ, die Geschehnisse des Evangeliums, wegen einer verspürten Inkompatibilität, auch auf die "in Mode gekommene" okkulte Strömung des Spiritismus zu übertragen - obwohl doch die recht geübte Spiritualität, nebst der Liebe, zweifelsfrei eine tragende Säule und bedeutende Grundfeste geistigen Strebens darstellt.
Du hattest damit nicht gänzlich unrecht; doch diese Erkenntnis musste ich mir erst "drüben" erwerben..!

Ich sagte mir indes, wenn ich den Herrn nur aufrichtigen Herzens bitte, mir Erleuchtung und konstruktive Hilfe zu gewähren, so werde ich sie gewiss auch erhalten - getreu dem Motto: "Suchet - und ihr werdet finden, bittet unablässig und euch wird aufgetan!" [5]
Ich wandte mich folglich, voller Hingabe, an diese einzig nie fehlbare, nie versiegende, zuverlässige Quelle und hoffte, den Herrn Selbst bald treffen zu können.
Letzteres geschah aber nicht, trotz meines diesbezüglichen, flehentlichen Bittens.
Der Großvater [6] hatte doch damals den Herrn Selbst gesehen, wie er Dir berichtete...
Allein - warum ich nicht..?!
Das ging mir sehr durch den Kopf; ich fand jedoch keinen Aufschluss darüber.

Als ich mich nun, über dieses Thema grübelnd, in den Garten zurückzog und aus ganzer Seele um Erleuchtung bat, hörte ich meinen Namen rufen.

Aufschauend bemerkte ich, nur wenige Schritte von mir entfernt, meinen alten, Dir bekannten Freund Thieme [7], mit dem ich schon in Petersburg eng verbunden war.

Nun, jener eilte auf mich zu, um mich innig zu umarmen; wir waren zweifellos beide von großer Wiedersehensfreude erfüllt!

Er erläuterte mir, dass er den Auftrag habe, mir über vieles, was mir nottäte, Aufschlüsse zu vermitteln. Dieserhalb beabsichtigte Thieme mit mir "eine kleine, geführte Reise anzutreten"...

Zuerst ging besagte Reise nach seiner eigenen Behausung, die er, wie er mir offenbarte, durch seine Willenskraft - mit der Gnade des Herrn - errichtet hatte.

Es war ein Gebäude, ungefähr im Aussehen der Greifenburg [8] - nur architektonisch schöner konzipiert -, in dem er eine Art Gasthaus für Durchreisende eröffnet hatte.

Das wird Dich erstaunen - ein "Gasthaus" im Geisterlande..!

Das erscheint wie ein Unding - und doch ist es so..!

Überlege Dir nur, wieviele Seelen hier ankommen - voll der inneren Unruhe und Unrast. Sie haben keinen anderen Gedanken, als nur den, vorwärts zu stürmen, weitere Menschen und Gegenden zu sehen.

Sie sind fürwahr keine schlechten Menschen; wurden auf Erden gegebenenfalls wie Gefangene gehalten und haben deswegen eine brennende Sehnsucht im Herzen, aus ihrem engen, defizitär erlebten Dasein herauszukommen. Jetzt fühlen sie sich frei, wollen sich "austoben". Dabei wissen sie auch meist (das heißt, es ist nicht *jedem* immer gleich bewusst), dass sie von ihren irdischen Bindungen losgelöst sind.

Solche Menschen gibt es viele - Weltenbummler, reiche Leute, die es nirgends lange aushielten, weil sie eigentlich nichts zu tun hatten; Gelehrte, welche glaubten, alles Heil liege im Erforschen unbekannter, fremder Gegenden, "weißer Flecken auf der Landkarte", und so weiter und so fort.

All jenen muss Gelegenheit zum Selbstbeweis gegeben werden, dass bei diesem Umherbummeln letztlich nichts wirklich Produktives herauskommt; sie müssen sich gleichsam "den Kopf einrennen", damit sie zum Nachdenken gelangen und sich eigens allmählich eines Besseren belehren - mehr, als dass sie allein nur von außen belehrt werden. Beides sollte - für eine tiefinnerliche eigene Bekehrung - immer harmonisch zusammenfallen.

Da sind nun die Gasthäuser ein Werkzeug, um sie sozusagen "zur Einkehr in sich selbst" einzuladen; denn sind sie erst einmal *äußerlich* eingekehrt, kommen sie ganz so schnell nicht wieder los...

Wohl oder übel müssen sie sich den Gebräuchen dieser Gasthäuser fügen. Es werden dort Versammlungen, Vorträge und allerhand Vorführungen veranstaltet, die auf das Geistes-Ich des Menschen hinweisen und zum intensiven Nachdenken anregen, wenn oben genannte Sucht etwas abgeflaut ist. Interessanterweise ist jede Sucht eigentlich ein Hinweis darauf, dass man im Grunde etwas *sucht* - aber in der Kompensation über die Sucht natürlich nicht findet...

Andere erhalten Weganweisungen, die ihrer Unrast zu einem Hindernis werden, sodass sie manchmal in verzwickte Situationen geraten, aus denen ihnen aber verlässlich wieder herausgeholfen wird.

Thieme war stets ein Mensch, der, aus der Intention der Nächstenliebe heraus, anderen gerne mit Rat und Tat zur Seite stand - was ihm, dem, an materiellen Gütern, armen Musikanten, auf Erden zuweilen sehr schwerfiel. Daher war er für diesen "Posten" phantastisch geeignet und er zeigte mir viel Inspirierendes bezüglich dessen, wie er wirken durfte und Erfolge erzielte.

Du weißt, dass ich im Irdischen, wenn es darauf ankam, andere zu unterweisen, oft an einer mich hemmenden Schwerfälligkeit litt. Du bist darin, von jeher, fixer gewesen; ich aber konnte es nur schwerlich, fand nicht die rechten Worte und sagte daher meist: "Das muss man sich selbst erlesen!"

Nun, durch das Beispiel, das mir bei Thieme wurde, der schon in seinem Erdenleben eine ganz vorzügliche Rednergabe und gewandte Rhetorik besaß, wurde ich von meiner zuvor genannten Steifigkeit befreit. Mir wurde das auch viel leichter, da ja keine körperlichen Hindernisse mehr vorlagen und ich nur einige Übung im Hinaus-treten-lassen meiner Gedanken benötigte, um ebenfalls zu einem passablen Redner zu mutieren.

Kurz: Was ich dort an neuer Fähigkeit für mich erwarb, wird mir auch bleiben - mit Dank "nach Oben"!

Aber noch andere Dinge lernte ich: In der Physis behagte mir keineswegs die Gesellschaft aller..! Das ist auch verständlich, denn die Menschen gebärden sich ja durchaus nicht generell so, dass ein Umgang mit ihnen - für jeden und mit jedem - freiweg wünschenswert wäre.

Indes sollte man aber doch stets im Menschen den Menschen sehen, seinen Nächsten! Das ist ein Aufruf, sich dringend von jeder Form elitären Dünkels zu befreien..!

Nie lasse man in sich die üble Haltung aufkeimen: "Ich danke Dir, mein Gott, dass ich nicht bin wie jener oder jene..!" [9]

Wenn ich nun auch nicht gerade die Anklage gegen mich selbst erheben muss, dass ich an penetranter Überheblichkeit litt, so doch sicherlich an Anflügen eines "Hochgefühls" (noch kein Hoch*mut*) über ein "besseres Ego" zu verfügen.

Solche Haltung jedoch macht hart gegen andere, die einem nicht passen - und ich muss bekennen, dass ich manchen armen Kerl, der sich mir auf Erden näherte, schroff abwies - was ich nicht hätte tun sollen!

Titulierungen wie "Arbeiterpack", "Proleten", "Bummler", "Landstreicher", "Walzbrüder" oder "Penner" waren mir, im Gewahrsein des wohlhabenden Pensionärs, nur allzu geläufig und ich bereue heute aufrichtig und tief!

Bei Thieme nun kamen die sonderbarsten Käuze zusammen - neben einer Auswahl der Letztgenannten auch psychisch Angeknackste und Belastete, sowie weiters Gelehrte und Fürsten. Betreffs der seelisch Gebrechlichen werde ich Dir, bei späterer Gelegenheit, noch eine Menge Aufklärendes zu bieten haben.

Ich lernte mit allen verkehren; sie unterrichten, liebevoll behandeln und unterstützen, soweit es notwendig wurde.

In kurzen Worten: Bei Thieme machte ich eine Lehrzeit durch, die mir segensreich und freudvoll wurde!

Eines Tages sagte mir Thieme schließlich für mich völlig unerwartet: "Es ist Zeit, dass Du jetzt etwas anderes kennenlernst, lieber Carl, denn ohne weitere Kenntnisse bleibst Du stehen, erlebst Stagnation, Stillstand, und kommst zu keinem eigenen Heim, das aber jeder Geistesmensch erstreben und besitzen sollte.

Hier ist es nicht wie auf Erden, wo der Besitz an Geld die Möglichkeiten vorgibt, respektive begrenzt, sich ein Heim zu schaffen; bei uns vertritt, das heißt ersetzt, die geistige Kraft in der Liebe zum Herrn das finanzielle Budget.

Wer diese entwickelt, besitzt alles; wem sie fehlt, ist ein armer Schlucker!

Also - es ist jetzt hoch an der Zeit, dass Du Deine geistigen Kräfte entwickelst; dann wirst Du ein Schöpfer im Kleinen und bist auf dem Wege, Gott ähnlich zu werden!"

Den Wert jener Worte erfasste ich natürlich voll und ganz - so war ich gerne bereit, die Wege zu gehen, die mir Thieme zeigen würde. Ich muss Dir indes vorher noch einige Mitteilungen, bezüglich eines Umstandes, welcher von mir zu Lebzeiten selbst nicht klar erkannt worden war, und Dir ebenfalls Probleme bereitet, eine Aufklärung zukommen lassen - und zwar bezüglich des Wesens der Sphäre(n):

Die "Sphäre" ist der Einfluss, den jede Seele jederzeit auf ihre Umgebung ausübt; aber diese Einflussnahme ist bestimmten Gesetzen unterworfen...
Das erste Gesetz in der Geisterwelt lautet, wie Du es bereits erkannt hast:

"Das Gleiche zum Gleichen!"

Also kann eine Seele nur mit anderen Seelen erfolgreich interagieren, welche

- ihr gleichgesinnt sind und

- damit auch imstande sind, das zu verstehen, was ihr kommuniziert wird, respektive die Interaktion mit ihr bezweckt.

Nun besteht aber noch ein zweites Gesetz:

"Niemand kann sich der Vollendung nähern, wenn er nicht *stufenweise* aufsteigt, sodass die jeweils überwundene Stufe von ihm auch gänzlich durchdrungen und in allen Belangen sein geistiges Eigentum geworden ist!"

Um nun in niedere, besonders aber in höhere, Stufen einzudringen, ist eine adäquate Leitung notwendig; denn - zum analogen Verständnis - kann, aus sich selbst heraus, niemand, zum Beispiel, ein Mathematiker werden. Er braucht dazu einen Lehrer, welcher ihn anleitet und ihm das Wissensgebiet eröffnet!

Nun, so ist es auch im Jenseits bezüglich benannter Ebenen. Diese Lehrer überwachen einzelne Gruppen, schließen sie gewissermaßen in den Bereich ihrer "Mächtigkeit" ein und bilden so eine bestimmte Sphäre. In einer solchen herrscht natürlich eine lebendige Fluktuation von Zufluss neu herzugetretener und Abgang siegreich überwindender Seelen. Wer zum Lehrer berufen wird, untersteht indes wiederum einem anderen, von dem er lernt - dem er aber auch entwickeltere Seelen überweist, falls ihm zugeführte Individuen ihn selbst überflügeln sollten.

Natürlich will jede(r) fortschreiten und dadurch seine Sphäre erweitern. In dem eigenen Fortschritt und der Erweiterung der eigenen Sphäre liegt die Gnade des Herrn, ein **Selbstschöpfer** zu werden.

Jedoch: Ohne Fleiß, kein Preis! Will heißen: Kein Sieg ohne Arbeit (an sich selbst)..!

Ich bin jetzt im Besitz einer selbstgeschaffenen Sphäre, in welcher, wenn ich es mal so ausdrücken wollte, eine ganze Anzahl kleinerer Sphären "eingeschachtelt" liegen, die ich meinen Schülern überwiesen habe. Überweisen *musste*, da ich persönlich doch fortschritt - und die Arbeit der erfolgreich strebsamen Seelen so anzuleiten habe, wie ich sie eigens zu tun lernte.

Dir wird dieses, zunächst vielleicht noch kryptisch, Tönende, bald klarer werden, wenn ich Dir den weiteren Fortgang meiner sukzessiven Entwicklung durchgebe [10]...

2 - Wanderung und Einkehr

Als Thieme mich aufforderte, mit ihm zu gehen, meinte er gleichzeitig: "Wir werden uns nun längere Zeit nicht mehr sehen, denn ich kann, wenn ich Dich am Bestimmungsort verlassen habe, nicht sogleich wieder zu Dir kommen, weil ich mein Gästehaus weiter verwalten muss."

Mich machten seine Worte stutzig, denn freilich erwartete ich, mit ihm zurückkommen zu können und nicht, dass er mich allein lassen wollte!
Ich hatte ja noch kaum einen blassen Schimmer davon, dass eine solche Reise, wie wir sie jetzt beabsichtigten zu unternehmen, einen Übertritt in eine andere Sphäre bedeutete, und dass, demzufolge, seine Worte diesen Sinn einschlossen.
Also gut..., wir verließen sein Haus und wanderten, bei Tageslicht, entsprechend hellstem Sonnenschein [1], in eine wunderbar schöne Gegend hinaus, wie ich bisher noch keine vergleichbar gesehen habe und an der ich meine herzliche Freude hatte.

Du bist in Norwegen gewesen und hast dort die reine, unberührte Natur kennengelernt. Stelle Dir nun ein Land vor - noch viel phantastischer, großartiger und gewaltiger in seiner Struktur, mit geradezu überwältigend exquisiter Fernsicht - und Du hast behelfsweise eine Ahnung von der Herrlichkeit, die ich zu sehen bekam. Ich war total hingerissen und konnte nicht weitergehen. Tränen traten mir, angesichts dieser wunderbaren Schöpfungskraft Gottes, in die Augen und ich musste einfach, im stillen Gebet, meine Empfindungen kanalisieren, die mich sonst, im übertragenen Sinne, beinahe überwältigt zu Boden geworfen hätten.

17

"Es ist recht so, lieber Carl", sagte Thieme, "dass der Anblick dieser herrlichen Gefilde Deine Gedanken auf den Herrn richtet; dass Du in diesen Schöpfungen Seine Weisheit und Liebe erkennst! Aber weißt Du auch, was Du *eigentlich* in diesen Bergeszügen mit seinen eisgekrönten Gipfeln, weiters den dort unten liegenden Tälern, Wäldern, Flüssen und Auen siehst..?"

"Wie meinst Du das mit dem 'eigentlich'", echote ich verblüfft.

"All diese Dinge stellen Dir eine analoge Entsprechung der Grandiosität und Genialität Seiner offenbarten Wahrheiten dar; davon, mit den Ohren, zu hören, den Menschen tief rührt - aber *eigentlich*, an sich, nur einer schönen, wunderbaren Gegend gleichen, ähnlich dieser hier geschauten.
Indes empfindet der Mensch, wenn er dafür aufgeschlossen ist, durch das Betrachten allein wohl die Schönheit, die wunderbare Schöpfung eines mächtigen Gottgeistes - nicht aber, **wie** Derselbe in dieser waltet, **wie** Er sorgsam jedes Keimlein pflegt, ausbildet und mit dem wahren Lichtbalsam Seines innersten Wesens erfüllt.
In der Tat, das Äußere zu erblicken ist wahrlich überwältigend, bringt den Menschen aber nicht wirklich weiter...
Bald gliche er einem Wandersmann, der immerfort in neuen Naturwundern zu schwelgen trachtet und sich rastlos dieserhalb auf der Suche befindet - dabei aber ganz vergisst, sich an einer schönen, selbstgewählten Stelle heimisch zu machen, dort sein Haus zu errichten und von diesem aus die ihm zugängliche Gegend gründlichst zu erforschen und mit seinem Wirken zu erfüllen.
Sieh einmal, Carl, Du hast schon die herrlichsten Landschaften auf Erden bereist, hast sie gründlich durchforstet und genossen; Du hast spirituelle Offenbarungen gelesen und ihrer Tiefe nach ausgelotet; aber was hast Du denn - eigentlich - dadurch wirklich errungen?!

Bist Du nicht auch nur ein Wanderer gewesen, der sich nie besonders um andere, die des Weges kamen, kümmerte; dem es unangenehm war, in seinen Betrachtungen gestört zu werden und sich womöglich verbarg, wenn er die Tritte eines Näherkommenden hörte, der, des Terrains unkundig, gerne von Dir die rechte Strecke gewiesen haben wollte?

Und dann - wie war es mit der Nutzanwendung?

Machte Dich Dein Verhalten weicher, mitteilsamer, geduldiger, nachsichtiger und vor allen Dingen liebevoller..? Oder bliebst Du eher nur der egoistische Genießer - nicht aber der freudige Täter, Helfer und Förderer..? Wie oft hast Du Dir jedoch gedacht: 'Ich habe genug gearbeitet - mir reicht das jetzt! Ich wirke nur noch für mich selbst!'?

Wenn Du alle Komponenten in die Waagschale wirfst - was meinst Du nun dazu..?"

Mir fielen Thiemes Worte wie Steine, ja Felsbrocken, auf mein Herz und es schien, als würde - im gleichen Moment - die erst so sonnenklare, wundervolle Gegend immer schwärzer; fiele in Dämmerung und würde ganz finster werden.

Oh, nein..! Eine unsägliche Lebensangst überfiel mich!

So klammerte ich mich an dem, mir so nahestehenden Thieme fest, wie an einem Rettungsanker, und rief laut: "Freund, Bruder, Deine Worte lassen mich die Dunkelheit sehen, in welcher ich bisher gelebt habe! *Du* bist der weit Vorgeschrittene, ich habe das längst erkannt; *Du* kannst mich auch in die Tätigkeit einführen, derer ich so dringend bedarf. Verlasse mich nicht! Zeige mir bitte den Pfad, der am schnellsten zum Herrn führt, damit ich jetzt nicht nur Hörer und Lehrer Seiner Wahrheiten bin, sondern vor allem ein tätiger Vollbringer..!

Ich flehe Dich an - um unseres Himmlischen Vaters und Jesu willen!"

Thieme schloss mich fest in seine Arme; und ich hörte ihn, während ich mein Gesicht an seiner Schulter barg, den Herrn für mich um Kraft und Erleuchtung bitten.

Noch während dieses Gebetes wurde es um mich herum wieder hell und klar. Im Gefolge spontan aufwallender, tiefer Dankbarkeit betete ich nun aus vollem Herzen mit, und in noch strahlenderer Pracht sah ich jetzt ringsum die Höhen und Fluren erglänzen.

Wir standen auf der Kuppe eines mittleren Berges. Unter uns lag ein freundliches, sprühend-grünes und blumenbuntes Tal, durchzogen von einem glasklaren, mäandernden Bachlauf. Ein unendlicher Friede strömte von dort zu mir herauf..! Die Fülle der vielfältigen Gewächse, dazwischen teils fruchtbeladene Bäume und Sträucher, rief uns geradezu die Aufforderung entgegen, hinabzusteigen, zu essen und zu ruhen.

"Lass uns doch in diese Senke heruntergehen!", schlug Thieme vor, als folge er einer zufälligen Eingebung. "Wir wollen uns ausführlich über den weiteren Weg beraten..."

Ich stimmte dem gerne zu - und so stiegen wir, via märchenhaft anmutende, kaum erkennbare Spuren, in jenes überaus entzückende Tal ab. Schließlich angelangt, erwiesen sich zusätzliche, reizvolle Aspekte, welche von oben, wegen des einschränkenden Blickwinkels, noch gar nicht so deutlich wahrgenommen werden konnten.

Ich empfand es als Wohltat, mich in dem hohen Gras niederzulegen und die wunderbare Stille auf mich einwirken zu lassen. Ein merkwürdiges *Heimatgefühl* durchwogte mich, als gehöre ich gerade genau hierhin - als sei dieser Grund und Boden mein Eigentum!

Es war eine ganz merkwürdige Empfindung, die mich erfasste und schweigsam machte.

Thieme beobachtete mich lächelnd und sprach endlich, mich leise berührend: "Nun, Carl, wie gefällt es Dir hier?"

"Ich bin total begeistert! Mir ist, als wolle ich nie wieder von diesem Ort fort!"

"Daran hindert Dich auch tatsächlich nichts, mein Lieber. In dem jetzigen Zustand verjagt Dich keine kalte, bittere Jahreszeit, kein Sturm, kein Regen. Dieses Tal bleibt Dir, so wie es jetzt ist, erhalten; also zwingt Dich auch nichts, es zu verlassen. Indes..., als Eremit", fügte er bedenkend hinzu, "würde Dir schließlich das Verweilen doch entsetzlich langweilig werden, oder..?"

"Natürlich, das würde wohl wirklich bald passieren... Selbstverständlich will ich wirken; etwas schaffen - getreu dem Willen des Herrn. Ich denke, Du wirst mich anleiten können, was zu tun ist, und wie ich solches am besten anfange..."

"Höre, mein lieber Freund, ich bin mir sicher, das brauche ich Dir gar nicht zu raten; das musst Du selbst wissen! Violine spielen - einsam, ohne Zuhörer - dürfte Dich hier, auf Dauer, wenig erquicken! Obwohl wir beide die Musik, und Fertigkeiten der freien Künste, sehr schätzen, sogar pflegen, ist doch, längerfristig betrachtet, mit diesen allein - vor Ort - nichts anzufangen!
Bei uns heißt es: Praktische Arbeit leisten, wie Du sie bei mir kennengelernt hast..!"

"Hmmm... Gerne werde ich damit beginnen – doch wie wird solche Tätigkeit auch anderen förderlich sein und also folglich erst den erstrebten Sinn generieren? Werden nach dieser, wie mir scheint, recht unbekannten Gegend noch mehr Seelen gelangen..?"

21

"Seelen kommen überall dorthin, wo sie Aufklärung zu erhalten hoffen und der **magnetische Liebeseinfluss** sie hinzieht. Namentlich auf letzteren kommt es im Besonderen an; denn ohne denselben kannst weder Du Dich ihnen, noch sie sich Dir nähern.

Das Weitere wird dann von denen geleitet, unter deren Führung Du stehst. Wenn Du dieses geheimnisvolle Gesetz der Liebesbetätigung kennst und befolgst, hast Du eigentlich so ziemlich alles, was Leben und Tätigkeit bedingt. Auch Gott kannst Du Dich nicht anders nahen, und Er wird Sich Dir nicht kundgeben, wenn Du Ihn nicht **durch den Magnetismus Deiner Liebe anziehst**. Also handle danach, und Du besitzt bald alles!"

Als Thieme geendet hatte, war mein Entschluss sofort gefasst: "Ich bleibe hier, mein Getreuer, und werde mit aller Kraft versuchen, mir das Heim zu erschaffen, von dem Du sprachst und welches ich, von ganzem Herzen, für mich selbst und spätere Besucher, zu erbauen wünsche.

Ich merke sehr wohl, dass es im 'Geisterlande' offensichtlich doch etwas anders zugeht, als ich mir auf Erden gedacht hatte, und dass es zuerst an regsamer, eigener Arbeit nicht fehlen darf, ehe einem das Weitere zufällt. Habe ich auf Erden dieserhalb zweifellos manches versäumt, so will ich aber jetzt um so fleißiger sein..! Darüber viel zu reden, mit guten Absichten zu prahlen, hat keinen Sinn - es gilt Taten zu beweisen! So sage mir bitte jetzt vor allen Dingen, *wie* fange ich es an, mir, zur Basis allen Folgenden, ein Häuschen zu erbauen - denn Maurer und Zimmermeister war ich nicht; ahne indes, dass man im sogenannten 'Jenseits' beides sein kann, ohne diese Handwerkskünste überhaupt je speziell beherrscht zu haben."

"Da hast Du sehr recht, Carl!", lachte Thieme. "Auch ich habe beides nie gelernt und besitze nun dennoch ein wunderschönes Heim; also wirst Du das auch bewerkstelligen können.

Achte jetzt bitte aufmerksam auf meine Worte - und wundere Dich nicht, dass ich über jene Dinge bisher noch nie mit Dir sprach..!
Es ist ebenfalls ein ehernes Gesetz des 'Geisterlandes' - oder, besser gesagt, des für uns nun diesseitigen, wirklichen Lebensdaseins -, dass einer Seele erst dann die ihr nötige Belehrung gewährt und erteilt wird, wenn sie derselben bedarf, **und** wenn sie diese auch selbst wünscht. Wir drängen und zwingen einer Seele keine Erkenntnis oder Wissen auf, wenn sie nicht eigens Verlangen danach hat und dieses auch entäußert.

Benanntem Gesetz, begründet durch die umfassende Wirkung des freien Willens, ist es geschuldet, dass Geister oft so ungemein lange auf einer niederen Stufe steckenbleiben - weil sie eben keinen intensiven Wunsch nach höherer Kenntnis haben..! Jener muss zuvor erwachen - dann erst kann das Verlangte, womöglich heiß Ersehnte, gegeben werden!
So ist es jetzt auch mit Dir.
Ich fange es mal folgendermaßen an..: Frage Dich bitte selbst, mein lieber Carl, 'was ist die sichtbare Schöpfung Gottes denn ihrem Urgrunde nach..?'"

"Zweifellos der gefestete Wille unseres Himmlischen Vaters, der sich in Jesus Christus, als Seinem Ebenbild [2], offenbarte - des, letztendlich, mithilfe des Wortes [3], alleinigen Schöpfers des Himmels und der Erde."

"Gut geantwortet..!
Wenn nun aber der Herrgott allein aus Seinem Willen heraus das vermag und uns die Verheißung gab, dass wir dasselbe wie Sein eingeborener Sohn [4] auf Erden tat, ja, sogar Größeres, würden leisten können, und auch Jener Seine

Wundertaten lediglich durch Seinen Willen verrichtete, so ist doch klar, dass wir denselben Weg beschreiten müssen, wenn wir etwas erzielen wollen.

Die Tätigkeit des Willens allein ist imstande, alles Material, dessen Du bedarfst, zu manifestieren. Gebrauche also Deinen Willen, so wirst Du erhalten, was Du benötigst!"

Ich war über diese Eröffnung sehr verwundert und gab zurück: "Mein Wille allein ist doch zu schwach und ungeschult; erst - und nur - wenn der Herr es will, werde ich etwas zu erreichen vermögen, nicht wahr..? Wir beten doch: '**Dein** Wille geschehe, im Himmel, wie auf Erden... [5]'"

Thieme sah mich mit einem unbeschreiblichen Blick an, der mir die Empfindung verursachte, wohl etwas ziemlich Dummes gesagt zu haben - dabei glaubte ich doch vielmehr, eine fundamentale Wahrheit aus der Bergpredigt Jesu zitiert zu haben.

"Carl, Carl...", eröffnete er mir nach einer Pause, "es ist ja wirklich höchst merkwürdig, was für total verkehrte Begriffe unter den Menschen, und besonders den Theosophen, über die Grundursache des Aufgebens des eigenen Willens und Eingehens in den Willen Gottes kursieren..! Und ich weiß, dass Du darüber ebenfalls noch keine Klarheit hast; ohne diese wird Dir hier aber gar nichts gelingen - und ohne gewaltige Anstrengung Deines eigenen, vom Herrn völlig unabhängigen, Willens, wirst Du noch nicht einmal imstande sein, Dir auch nur eine *Hundehütte* zu erbauen!

Natürlich ist es eine Selbstverständlichkeit, dass alles vom Willen Gottes abhängt; desgleichen indes, dass der Herr dem Menschen keinen eigenen Willen gab, damit er jenen aufgebe..!

Verstehst Du..? Hat der Mensch einen freien Willen erhalten, so hat er ihn auch auszubilden und anzuwenden!

Auszubilden und anzuwenden gemäß den Regeln, beziehungsweise im Rahmen der Gesetze, die der Herr uns deutlich vorgeschrieben hat, und welche (was ebenso selbstverständlich ist) dazu gegeben wurden, um den freien Willen von vornherein in eine Richtung zu lenken, die nicht imstande ist, etwas dem Willen des Herrn Entgegengesetztes zu tun. Ist aber letzteres erst einmal erkannt und die Erfüllung der Gottesgesetze in Fleisch und Blut übergegangen, so sind die Worte von der steten Aufgabe des eigenen Willens in den des Herrn nur eitle Phrase..! Denn gerade *das* will Gott nicht, sondern die Harmonisierung des Ego mit Ihm!

Sein Wille ist vielmehr die folgende Weisung: 'Sei ein Selbstschöpfer, wie Ich Selbst es bin; denn nur dadurch kannst du, o Mensch, Mir ähnlich werden! Strenge die dir verliehenen Kräfte, die in dem in dir herrschenden persönlichen Willen liegen, gründlichst, unabhängig von Mir (aber innerhalb des dir bekannten positiven, gottgesteckten Rahmens) an; zeige Mir dann deine Schöpfung, damit Ich eine wirkliche Freude an dir habe und dich einen getreuen Knecht nennen kann, der mit dem ihm anvertrauten Talent [6] erfolgreich gewuchert, das heißt gewirtschaftet, hat! Vergräbst du aber dein Pfund des schaffenden, eigenen Willens, so werde Ich dich von Mir weisen, denn du bist nicht imstande, Mir auch nur den kleinsten Beweis eigener Tätigkeit zu liefern!' [7]

Konntest Du mir diesbezüglich folgen, Carl?"

"Hmmm... Gewiss, gewiss; aber mir scheint, als beweise doch die Aufgabe des eigenen Willens eine große Demut."

"Es kommt hierbei ganz auf die Umstände und die Intention eines Menschen an... Zumeist allerdings erweist sich solche Handlungsweise eher als eine elementare Unwissenheit, welche geradezu eine große Faulheit hervorbringt, nämlich, von sich selbst möglichst jede Verantwortung für das zu Tuende abzuschütteln! [7]

Sage einmal - wer wird dem Herrn Jesus angenehmer sein: Der Phrasendrescher oder der Zupackende?

Ersterer windet sich stets um die Worte 'ich tue nichts, wenn mir der Herr nicht ausdrücklich sagt, was ich machen soll'; letztgenannter greift, wenn es drauf ankommt, kräftig zu etwas zu leisten. Dabei scheut er sich auch nicht davor, dass ihm, unbeabsichtigt, auch Fehler unterlaufen mögen - aus welchen er, in der Folge, gerne zu lernen bereit ist, um es beim nächsten Male besser zu machen.

Der eine ist ein Sklave, der andere ein eifriger Arbeiter, dessen eventuell verkehrtes Wirken und/oder Irrtum leicht korrigiert wird, sobald er darauf aufmerksam (gemacht) wurde.

Dem einen hilft der Herr nicht, weil Er ihm sonst nur seine Trägheit und seinen Unverstand stärken würde; der andere schreitet durch Erfahrung und gewordene Belehrung schnell vorwärts.

Kurz: Bei uns, im wahren Lebensdasein, ist es genau **so** - und nicht anders!" [8]

"Nun gut, also werde ich geflissentlich nach diesem offensichtlich waltenden Grundsatz handeln! Verstehe ich Dich recht, so muss ich meinen Willen auf die bereits bestehenden Gesetze, die Gott zum Wohle aller gegeben hat, richten und dadurch meine Intention mit dem von Ihm gesteckten Rahmen harmonisieren. Geschieht jenes, wird keine Tätigkeit, welche geleistet und vollendet wird, je fahrlässig gegen die uns förderlichen Absichten des Herrn gerichtet sein können; denn Seine von uns zu lernenden Regularien, deren Wirkung wir benutzen dürfen und sollen, sind - selbstverständlich und wie automatisch - innerhalb Seines Willens.

Auf diese Weise werden wir zu Selbstschöpfern.

Habe ich das so richtig verstanden?"

"Absolut! Du hast die Sachlage vollständig begriffen.
Bezüglich des erfolgreichen Anwendens dieser Gesetze will ich
Dir ein sinnfälliges Beispiel geben:
Sieh diese exquisite, faszinierende Umgegend! Wie bereits
gesagt, ist sie, in der Entsprechung, nichts anderes, als die
sich Dir darstellende Schönheit der Offenbarungen Gottes.
Jeder Gedanke stellt sich bei uns in irgendeiner plastischen
Hülse dar, an deren Äußerem wir erkennen, wes Geistes Kind
und wahres Selbst in ihr waltet.
Daher erkennen wir auch sofort den Charakter und die innere
Beschaffenheit sich uns nähernder Seelen, welche, nach
Ablegung ihres, quasi als Maske dienenden, Körpers, nichts
mehr vor uns (und wir nichts vor ihnen) verbergen können.
Gedanken sind bei uns an keine feste Form gebunden,
sondern verändern diese, je nach dem Fortschritt, den der
Denkende schon für sich errungen hat; sie sind auch nichts
Reales, sondern nur phantomhaft und mithin auflösbar und
vergänglich.
Anders ist es mit den Gedanken Gottes, die sich stets in einer
Realität bewegen, welche **un**zerstörbar ist und folglich auch
durch den, und im, Menschen wirken, sobald er sie erkannt
und als Wahrheiten, die aus dem Ewigkeitsborn fließen,
angenommen hat.

Daher wird auch diese Gegend, die Deiner Erkenntnis
vollkommen entspricht, für Dich eine *vollkommene* Realität
sein - Deine höchst eigene Sphäre, welche Dir, aus diesem
Grunde, das merkwürdige Heimatgefühl erzeugte, das Dich
beim Erblicken überfiel.
Dass ich genau dasselbe sehe, wie Du, also in Deine Sphäre
eintreten und mich in ihr bewegen kann, liegt einfach an
unserer ganz ähnlichen Erkenntnis, die sich, im Allgemeinen,

völlig deckt; wenn sie, in Einzelheiten, gegebenenfalls auch leicht divergieren mag.

Wäre letzteres nicht der Fall, und würden unsere Charaktere nicht individuell voneinander abweichende Merkmale aufweisen, bei sonst ganz gleichem Streben, so würden die einzelnen Sphären sich gleichen wie ein Ei dem anderen.

Wie langweilig das wäre..!

Ich gehe davon aus, dass ich Dir die Verschiedenheit und deren Notwendigkeit nicht extra, des Langen und des Breiten, zu erörtern brauche; jeder halbwegs intelligente Mensch kennt ihre Gründe und Ursachen..."

3 - Das eigene Heim

"Zunächst..., und sei bitte achtsam: Stelle Dir konzentriert, im Geiste, ein Haus vor, wie Du es Dir erträumen würdest; halte dann jenes Bild in all seinen Details fest und erfülle Dich mit dem Wunsch, diese Idee in die reale Wirklichkeit übertreten zu lassen!"

Thieme ließ mir einen Moment Zeit...
"Nun..., hat es geklappt? Hast Du es getan und bist für weiteres bereit..?"

"Ja...", dehnte ich erstaunt, denn merkwürdigerweise erschien aus dem Pool meiner Erinnerungen - wie man so schön sagt, zum Greifen deutlich - das kleine Häuschen in Oldenburg, in dem ich meine erste Jugendzeit verbrachte und dessen Foto sich ja noch in Deinem Besitz befindet. Ich sah es mit allen Einzelheiten, wie auch Du es Dir wirst vorstellen können, da Du es kennst und betreten hast.

"Phantastisch..! Jetzt wende Dich im innersten Herzen an den Herrn Jesus Christus; bitte Ihn um Kraft und Segen für Deine fokussierte Absicht - namentlich um Stärkung Deines dies betreffenden, konstruktiven Willens!"

Wieder gewährte mein Gegenüber mir die dafür nötige Zeit. Ich nickte ihm zu, als ich seine Instruktion umgesetzt hatte.

"Nun errege Deinen Willen so stark wie Du nur kannst - zapfe ihm die feste Zuversicht ab, dass er imstande ist, die Materie zu bemeistern. Gebiete, dass jenes Dir in der Seele vorschwebende Bild sich plastisch und real an dem Ort manifestere, wo Du Dein Projekt verwirklicht haben möchtest!"

Den Worten folgend, durchflutete mich ein starker Impuls; ein Kraftbewusstsein festigte sich in mir, wie es Menschen manchmal auf Erden auch zu erfassen vermag. Eine Zuversicht erfüllte mich, wie ich sie bisher noch nie empfunden hatte; eine felsenfeste Überzeugung, dass mir mein Unterfangen glücken würde.

Und siehe da: Mitten auf dem dafür eigens ausgewählten Wiesenplan manifestierte sich das Häuschen - zuerst wie ein Nebelgebilde in noch diffusen Umrissen - exakt so, wie ich es mir vorgestellt hatte; wurde immer konkreter, je mehr ich meinen Willen bemühte und anstrengte. Schließlich stand es, fix und fertig, vollständig, greifbar und massiv, an Ort und Stelle - als hätten die fähigsten Konstrukteure fleißig Hand angelegt.

"So, jetzt gehen wir hinein und überzeugen uns von der Realität des Gebäudes!", schlug Thieme erfreut vor.

Gesagt, getan, stellte ich schnell fest, dass alles, bis aufs Kleinste, so detailliert vorhanden war, wie ich es aus meiner frühesten Jugendzeit in Erinnerung behalten hatte. Zurück ins Freie tretend, inspizierte ich das Haus, auch äußerlich, von allen Seiten und war schlichtweg begeistert.

"Du bist jetzt, wie man sagt, 'gut untergebracht', lieber Carl", meinte Thieme, "und ich kann Dich weiterhin Deiner eigenen Erkenntnis und Tätigkeit überlassen. Das Rezept, nach dem Du zu handeln hast, kennst Du nun; auch weißt Du, wie Du Dir teure oder weniger angenehme Seelen 'heranziehen' kannst.

Fernerhin ist Dir genau bewusst, wie Du Dich dem Herrn Jesus nähern kannst; also fehlt Dir gar nichts mehr zum eigeninitiierten Fortschreiten, und ich kann mich ruhig nach meinem Wirkungskreis zurückbegeben und Dich alleine lassen."

"Das letztere bedauere ich sehr, denn ich bleibe doch immerhin Dein Schüler [1]; und mir wird der treue Berater fehlen... Wir treffen uns doch wieder, Thieme, oder..?"

"Selbstverständlich!", klopfte er mir tröstlich auf die Schulter. "Jederzeit können wir uns sehen - Du brauchst ja nur fest und begehrlich zu wollen. Der Wille ist hier überall der Hebel und löst jede Tätigkeit, jedes Zusammentreffen, jede ins Auge fallende Erscheinung aus - das hast Du gut begriffen und auch, Dich bestärkend, erfahren. Also werde, und bleibe, willensstark im Geiste Gottes, des Schöpfers aller Dinge und Seines Sohnes, Deines geliebten Herrn der Herren und König der Könige [2] - so wird Dir alles gelingen!"

"Dennoch, Dein Rat wird mir fehlen!", seufzte ich.

"Oh, nein, nein... Du hast einen ganz anderen Berater, an den Du Dich wenden musst; an welchen Du Dich indes noch nicht so recht herantraust, trotzdem Du Ihn sehr wohl kennst. Bevor Du diese, mir nicht ganz angenehme, Scheu nicht überwindest; bevor Du, im innersten Wesen, Dich Ihm nicht tatsächlich ganz ergibst und Ihn mit aller Sehnsucht erhoffst und erwartest, wird Er Sich Dir nicht sichtbar zeigen...
Gerade *weil* Du Seine Offenbarungen kennst [3], hast Du es schwerer als andere, denen sie fremd blieben. Wem viel gegeben, von dem wird auch viel gefordert. [4] Seelen, die guten Herzens sind, wenn auch noch in Unwissenheit stehend, kann sich der Herr weit eher, voll Gnade und Barmherzigkeit, zeigen als solchen, die Sein Wesen kennen, es trotzdem aber noch nicht fertigbringen, Ihn in wirklicher Sehnsucht heranzuziehen.
Es ist das eine recht spezielle Angelegenheit mit dem Wissen einerseits und dem Ausführen einer Seelenempfindung andererseits. Es gibt da so viele feine Unterschiede, die zu Hemmungen führen können, dass Du noch, im Gefolge

weiterer Erfahrung, aus der Verwunderung gar nicht herauskommen wirst..!

Glaube mir, es gibt hier sogar eine große Anzahl Seelen, welche die neuen Offenbarungen [3] auf Erden tief und ausführlich kannten. Darüber von ihren Angehörigen und Mitgläubigen als Borne der Weisheit angestaunt, wiegten sie sich jedoch selbstgefällig zu sehr in dem Wahn eigener Vortrefflichkeit - weshalb sie dieserhalb noch eine recht harte Schule der Selbstverleugnung durchzumachen haben..! Weit davon entfernt, den Herrn zu sehen, geschweige denn gar in Seiner Gemeinschaft zu leben, wie sie sicher dachten.

Warum aber..?

Weil sie im Grunde ihres Herzens den Herrn nur um ihrer selbst willen liebten, nicht aber wahrhaft in der *Entäußerung* jeder Selbstliebe! Sie wollten, als 'Auserwählte Jesu', anerkannte Führer des Volkes, ihrer Brüder und Schwestern, sein, um reiche Ernte an Bewunderung einzuheimsen. [5] Diese Seelen entlohnten *ihr Ego* durch ihre Sucht zum Größenwahn und wollten, ihnen selbst mehr oder weniger unbewusst, nicht Förderer der Sache Gottes sein, als vielmehr Vertreter und Anbeter eines egoistischen Narzissmus.

Sie sind Luzifers Kinder, nicht Gotteskinder. Sie sind befleckten Herzens, leben in Selbsttäuschung, Überhebung; sind pietistisch in Äußerlichkeiten und bedenken nicht, dass ein frommes, wirklich Gott ergebenes Gemüt keinerlei äußere Anerkennung erstrebt. Dass ihm diese sogar höchst unangenehm ist und treue Pflichterfüllung einer solchen Seele höher steht als alles Lob der Welt oder ihrer Glaubensgenossen.

Erstrebe daher stets, nur dem Herrgott allein gefallen zu wollen! Aus diesem Wunsch heraus geboren, zählt nicht die Tat als solches, sondern ihre Einbettung in ein selbstverständliches Erfüllen Seiner Gebote; wobei Du, absichtslos jeden Dankes, auf Anerkennung verzichtest, ja, gar nicht an diese Wirkung denken sollst!"

Wir umarmten uns, drückten uns stumm die Hände. Mir ein Lebewohl zuwinkend, wandte er sich um - und war bald aus meinem Sichtfeld verschwunden.

Ich aber ging in mein selbstgeschaffenes Häuschen, in mein neues Heim, um mich dort wohnlich einzurichten.

*

Es gefiel mir in dem Häuschen recht gut.

Alle Erinnerungen meiner Kindheit tauchten wieder auf, und ich kann sagen, dass ich, binnen kurzem, nochmals sämtliche Jugendjahre durchlebte, denn (wie bereits von Thieme erklärt) stellen sich im Jenseits Gedanken plastisch dar - ungefähr wie im Traum, nur weit wesenhafter, was im Traum ja fehlt.

Der Traum ist ebenfalls ein Gebilde der Seele, wenn auch ohne Realität, das heißt ohne greifbare Projektion; der Gedanke jenseits des Schleiers des physischen Todes hat indes Schöpferkraft - auch wenn sich das Erschaffene in seine Urelemente wieder auflösen kann.

Wer sich nun stets relativ kritiklos seinen Gedanken hingibt, lebt leicht in einer eigens gestalteten Phantomwelt, welche er allerdings für wirklich hält. Aus solcher Pseudo-Realität ist nur schwer herauszufinden, namentlich dann, wenn die betreffende Seele, ohne jeden Glauben an den Herrn Jesus, weiter vor sich hinvegetiert.

Um den gesponnenen Faden wieder aufzugreifen: Ich durchlebte also in dieser Weise nochmals meine komplette Jugend, ohne jedoch in den Fehler zu verfallen, diese Erinnerungsbilder, welche sich plastisch darstellten, für jetzige Wirklichkeit zu halten!

Sie dienten mir nur dazu, meinen Werdegang, meine Irrtümer zu erkennen, und trugen - in dieser Hinsicht - lediglich zur Läuterung meiner Seele bei.

Nach dieser Periode erschien es mir nicht weiter verwunderlich, dass schließlich eine unbändige Langeweile meine ansonsten untätige Seele erfassen müsste - aber dazu ließ ich es erst überhaupt nicht kommen..! Analog dem Vorüberziehen von Vergangenheitsbildern, könnte ich nun auch die Revue *zukünftig* zu erwartender Passagen heraufbeschwören - doch solches zu tun vermied ich, weil Fehler späterer Zeit bei Thieme bereits voll erkannt worden waren; ich brauchte sie demnach nicht nochmals zu studieren, sondern dachte allen Ernstes daran, wie ich denn nun meine weitere Arbeit einteilen wollte...

Hmm... Ich war allein, ganz allein... Meine Überlegungen richteten sich daher naturgemäß auf jene Personen und Verwandten, die bereits vor mir auf Erden gestorben waren und deren Schicksal mich selbstverständlich sehr interessierte. Dass ich dieserhalb, vor allem, an meine Frau, Deine Mutter, dachte, ist leicht nachvollziehbar; aber *wo* sollte ich sie finden?!
Ebenfalls erschien es mir wie eine schlüssige Notwendigkeit, bezüglich des eigenen Heims, in welchem ich nun Wohnung bezogen hatte, meine Umgegend kennenzulernen, mithin meine Sphäre gründlich zu durchforsten.

Mir ging die Sache auch nachträglich noch nicht so ganz in den Kopf...
Diese ganze Umgegend sollte meine Sphäre sein und gleichzeitig - in der Entsprechung nichtsdestotrotz auch wirklich - den Schönheiten der mir bekannten Offenbarungen gleichen? Also gewissermaßen ihre Entstehung doch nur wieder jenen verdanken..?
Wie ging es eigentlich zu, dass etwas von vornherein Gegebenes, von mir wohl Erkanntes (aber irgendwie doch [noch] nicht mein Eigentum) nunmehr den Grund und Boden meiner Sphäre abgeben konnte, zu deren momentaner

Herstellung etwas konstruktiv beigetragen zu haben, ich mir absolut nicht bewusst war?!

Zu meiner Beruhigung gab ich dem Impuls Raum: "Da hilft kein Kopfzerbrechen! Ich nehme, bis auf Weiteres, das Vorhandene dankbar hin, so wie es ist, und überlasse die gewünschte Aufklärung der Zukunft; warte, was Jesus mir entweder persönlich, oder durch andere, über diese Tatsache offenbaren will. Frisch ans Werk einer Entdeckungsreise gegangen!"

Ich verließ also mein Haus und durchwanderte die Gegend; dabei machte ich sehr bald eine kuriose Entdeckung... Ich wollte eine der, das Tal umgrenzenden, Kuppen erklimmen - war ich doch mit Thieme, erst vor gefühlten Stunden irdischer Zeit, eine solche herabgestiegen!
Allein - ich konnte noch nicht einmal den Sockel derselben erreichen!
Immer war es, als irrte ich mich in der Entfernung, oder als wichen die Höhenzüge geradezu vor mir zurück. Ich mochte unablässig, unermüdlich wandern - die Berge vermochte ich nicht zu betreten!

"Puhh..., das Ding hat einen Haken!", schlussfolgerte ich. "Es muss irgendwie dem Willen des Herrn zuwiderlaufen, diese Plateaus erklettern zu wollen, denn ich bin nun pausenlos gelaufen, komme aber nicht ans Ziel..." [6]

Als ich mich nach meinem Hause umsah, bemerkte ich zu meinem Erstaunen, dass es ganz nahe hinter mir stand, als sei es mir entweder gefolgt, oder ich, trotz meines stundenlangen Marsches, höchstens zweihundert Schritte weit gekommen.
Das gab mir arg zu denken!
Der "Haken an der Sache" hatte sich beträchtlich vergrößert!
Was aber tun?

Ich dachte an Thieme; spielte mit dem Gedanken, ihn, auf die mir von ihm mitgeteilte Weise, zu mir zu rufen. Dieses Vorgehen verwarf ich aber dann intuitiv: "Es ist - schon auf Erden - ein Fehler, sich stets zu schnell auf andere zu stützen; hier indes sicher ein noch weit größerer..! Darum will ich mich darin üben, auf mich selbst und auf die Hilfe des Herrn zu vertrauen!"

In diesem Zuge wurde es mir mit einem Male bewusst, dass ich mich, seit Thiemes Fortgang, noch gar nicht viel, geschweige denn ausführlich, mit der Person Jesu beschäftigt hatte - und dieser offenkundige Missstand fiel mir echt schwer auf mein Herz!

Ich merkte nun ganz deutlich, dass es

1. ein Mangel war, diese Wanderung ohne festes Zutrauen auf den Beistand des Herrn angetreten zu haben; das heißt ohne Ihn zuerst, und ausdrücklich, voller Hingabe, um Segnung für mein geplantes Unterfangen gebeten zu haben

und

2. fiel mir auf, dass es doch garnicht zwingend notwendig war, immerzu hurtig darauf los zu marschieren, weil mir, in Gestalt meines Willens, doch eine ganz andere Kraft zu Gebote stand, so ich sie nur richtig gebrauchte!

Thieme hatte mir doch klar auseinandergesetzt, dass man den eigenen Willen, innerhalb der erkannten Gesetze Gottes, gebrauchen soll, und da lief ich nun und lief, strengte wohl meinen Willen zum Hinaustappeln an, aber nicht dazu, ihn zur "Heranziehung" jener Höhen zu gebrauchen oder, besser gesagt, mich selbst dorthin zu *versetzen* [7]!

Dies resümierend sagte ich zu mir selbst: "Gehe du, lieber Carl, jetzt erst einmal in dein Haus zurück und vertiefe dich vor allen Dingen in die Liebe zum Herrn, dem Ebenbild des unsichtbaren Gottes [8]! Wenn du das getan hast, wird sich wohl dein Vorhaben bestimmt erfolgreicher gestalten!"

Nun, weit zu meinem Häuschen hatte ich es ja nicht. Ich ging zurück, besah mir nochmals alles darin genau und festigte, besonders bezüglich des geschauten Inventars, meinen Willen in der Erhaltung dieser hübschen Wohnstätte. Ich fühlte, dass diese "vier Pflöcke", welche ich, in Gestalt meines Hauses, eingeschlagen hatte, wirklich mein Eigentum sein durften und waren!

Ich "trank", im Türrahmen meines Heimes stehend, die herrliche Gegend, welche mich wie ein Paradies umgab. Plötzlich realisierte ich, fiel es mir wie Schuppen von den Augen, respektive wie ein Blitz der Erleuchtung in meine Seele, dass dieses Labsal an Bergen, Tälern, Wäldern, Wiesen und Auen ja eine unmittelbare Entsprechung der Schönheiten der mir bekannten Offenbarungen [9] darstellte, aber auch, *dass jene* wohl noch lange nicht mein wirkliches geistiges Eigentum geworden waren!
...Und dass ich folglich auch nicht eher nur den geringsten Hügel erreichen würde, bevor die Eigenschaft(en), welche jeweils mit einer solchen Kuppe korrelierte(n), mir in Fleisch und Blut übergegangen wäre(n) - ergo *damit* mein Eigentum geworden sei(en)!
Unwillkürlich überfiel mich mit diesem Gedankengang eine große Unsicherheit, ja, fast Angst! Welch Mammutleistung würde noch notwendig sein, um, auf diesem Wege, alles, was demnach doch noch an Fehlern und Mängeln in mir stecken musste, auszumerzen..?!
Nur so, des war ich sicher, könnten alle diese Berge und das, was auf ihnen wuchs, sozusagen völlig in meinen geistig-seelischen Besitz übergehen - das heißt erst dann, wenn ich die, durch jene wundervolle Gegend dargestellten,

Wahrheiten nahtlos in meine Seele aufgenommen haben würde!

Ach, du Schreck - solch Unterfangen konnte "Ewigkeiten" brauchen, um zum Ziel zu gelangen! Und dabei hatte ich mir doch schon eingebildet, alle Unstimmigkeiten und hindernden Klippen in meiner seelischen Natur überwunden zu haben..! Ich war ganz zerknirscht und wurde sehr demütig bei dieser Erkenntnis.

Bald aber schlug ich mich vor den Kopf, denn ein zweiter Gedankenblitz durchzuckte mich hell und klar. Was sagte doch der Herr Jesus? *Was* wäre das vornehmste Gebot?

Wie las ich im Neuen Testament? - und ich zitierte, vor mir selbst, aus dem Markusevangelium:

»Einer der Schriftgelehrten, der gehört hatte, wie sie miteinander stritten, trat hinzu, und da er wusste, dass er [Jesus] ihnen gut geantwortet hatte, fragte er ihn: "Welches Gebot ist das erste von allen?"

Jesus antwortete ihm: "Das erste ist: 'Höre, o Israel: Jahweh [10], unser Gott, ist einer; und du sollst Jahweh, deinen Gott, lieben aus deinem ganzen Herzen und aus deiner ganzen Seele, mit deinem ganzen Verstand und deiner ganzen Kraft!' [11] Das zweite ist dies: 'Du sollst deinen Nächsten lieben wie dich selbst!' [12] Größer als diese ist kein anderes Gebot." [13]«

Und: »"Diese Gebote sind Orientierung und Leitmaß für Moses und alle Propheten!"« [14, 15]

Weiters (und ich rekapituliere einmal aus dem Evangelium nach Lukas):

»Und er [Jesus] sprach zu ihnen: "Wer von euch wird einen Freund haben und wird um Mitternacht zu ihm gehen und sagen: 'Freund, leihe mir drei Brote, da ein mir lieber

Bekannter von der Reise zurückgekommen ist und ich nichts habe, was ich ihm vorsetzen könnte.'?

Jener würde nämlich von drinnen antworten: 'Mach mir keine Mühe! Die Tür ist schon geschlossen, und meine Kinder sind bei mir im Bett; ich kann nicht aufstehen, um Dir etwas zu geben!'

Ich sage euch jedoch, wenn er auch nicht aufstehen und ihm geben wird, weil er sein Freund ist, so wird er es um seiner beinahe unverschämten Beharrlichkeit willen tun und ihm alles geben, was er braucht.

Ja, bittet, und es wird euch gegeben werden!

Sucht, und ihr werdet finden!

Klopft an, und es wird euch geöffnet werden!

Denn jeder Bittende empfängt, der Suchende findet, und dem Anklopfenden wird geöffnet.

Wer ist der Vater unter euch, der seinem Kind, statt eines erbetenen Brotes einen Stein reichte oder anstatt eines Fisches eine Schlange gäbe; wer würde ihm statt eines Eies einen Skorpion zustecken? So etwas macht doch niemand! Wenn ihr nun also, die ihr böse seid, euren Kindern gute Gaben zu geben wisst, wie viel mehr wird euer Himmlischer Vater, denen (Heiligen Geist) geben, die ihn darum bitten!"« [16, 17]

So las ich die Worte im Neuen Testament der Bibel – eines der eher wenigen Bücher in meinem erschaffenen Hause. Und nun wusste ich auch, was ich zu tun hatte..!

Alles wird dem, der gläubig vertraut, gegeben; und wenn ich "Ewigkeiten" brauchen wollte, um jeden Berg einzeln zu erklimmen, könnte ich dann etwas anderes erreichen als die Erfüllung des höchsten Gebotes?

Nein, niemals..!

Also - wozu auf Umwegen, mühsam, in Angst und Schweiß, zu erreichen suchen, was nach der Verheißung jedem gegeben wird, der gläubigen Herzens ist..?!

4 - Im Angesicht des Herrn

Nachdem also diese Erkenntnisse in mir dominierten, handelte ich umgehend - sofort - danach. Ich blieb in meinem Haus, richtete kontinuierlich meine Gedanken, mit aller Willensstärke und tiefer Sehnsucht, auf unsern Herrn und Meister. So spähte ich geduldig dem Kommenden entgegen...

Es rührte sich lange Zeit nichts. Ich verharrte in einem Zustand freudiger Erwartung, ohne etwas Spezielles zu fordern und fokussierte mein Herz und Sinn konsequent auf Jesus.
Da geschah, ganz unerwartet, etwas Sonderbares:

Meine wundervolle Umgebung blieb sich bisher stets gleich. Die irdisch gewohnte Einteilung in Tag und Nacht gab es hier nicht; konnte es gar nicht geben, da die astronomischen Gesetze, sowie die physikalischen der Erde, an diesem Ort nicht mehr in Betracht kamen.
Ich befand mich nicht mehr auf einem, im All um sein Zentralgestirn rotierenden, Globus - was einen Wechsel der Helligkeit auf jenem initiiert hätte... Ich sah keinen Mond, keine Sterne und, vor allem, keine Sonnenscheibe am Himmel glänzen, wiewohl es stets licht war.
Dies als ganz natürlich einordnend, hatte ich jedoch über das *Warum* dieses gegebenen Phänomens bisher nicht tiefer nachgedacht - bis eben das oben erwähnte "Sonderbare" passierte...
Doch - ich will Dich nicht auf die Folter spannen - um was handelte es sich dabei?
Folgendes geschah:

Völlig unerwartet sah ich, zwischen zwei Bergen hindurch, die ein Tal umfassten, das sich weithin erstreckte und

41

wunderschön von meinem Standpunkt aus zu sehen war, ganz langsam den oberen Rand einer Sonne aufsteigen - strahlend und erwärmend, wie die Mittagssonne im Juli bei euch. Ich staunte, konnte das funkelnde Leuchten kaum ertragen und wollte ihr Höhersteigen erwarten; aber das geschah nicht! Nicht um ein Jota rückte die Sonnenscheibe weiter vor - sie blieb so, mit dem äußersten Rande über dem Horizont, wie bisher.

Wie kam das? Was war das für eine "Sonne", die sich mir dort zeigte - deren Glast in nichts der irdischen nachgab? Als ich so dastand, ganz im Anschauen dieses Sonnenrandes vertieft, gewahrte ich plötzlich, wie in weiter Ferne eine Gestalt [aus dem Licht heraus] auftauchte und sich mir schnell näherte.

Ich konnte nicht erkennen wer es war, denn die Strahlen des Gestirns blendeten mich, so dass ich nur ihre Umrisse, wie eine Silhouette, erblickte. Meine Augen hingen wie gebannt an der heranschreitenden Person... Auf einmal wusste ich: "Es ist Jesus - der Herr -, der direkt auf mich zukommt!"

Mich erfasste es mit magnetischer Gewalt - alle meine Seelenkräfte zogen dem Kommenden entgegen. Ungestüm hastend stürzte ich auf den Geliebten zu, der mir jetzt schon so nahe war, dass ich Sein Antlitz erkennen konnte. Er streckte mir einladend die Hände entgegen, und eilig, voller Dankbarkeit und Ehrfurcht, ergriff ich sie; fiel dann zu Jesu Füßen anbetend auf die Knie nieder.

Ich kann es kaum beschreiben, was ich empfand; nur wer den Herrn wahrhaft liebt, kann die Situation ansatzweise begreifen und nachempfinden.

Jesus zog mich indes empor und sah mir gütig in die Augen.

Oh, was für Augen..., so durchdringend klar, und doch so unendlich liebevoll! So kann kein Menschenauge blicken! Niemand kann *so tief* in das Herz schauen; nur **Er** hat diese unendliche Gewalt, diese ausstrahlende Liebe und hoheitsvolle Macht!

Ich war außerstande auch nur *ein* Wort hervorzubringen, musste nur immer in diese Augen schauen - und damit kam mir die Reminiszenz an ferne, lang zurückliegende Zeiten; wurde mir bewusst, was ich einst gewesen war, und welche Vorleben ich bereits bewältigt, beziehungsweise durchrungen hatte.

Mit unendlich warmherzigem Klang erhob Jesus das Wort an mich: "Hast Du es nun selbst erfahren, wie schwer es auf Erden ist, in Meinem Dienst zu stehen und beständig treu zu bleiben? Kannst Du jetzt begreifen, warum es sogar den Geistern, die Mir dienen und stets bereit sind, Meine Anliegen zu erfüllen - solange sie nicht die erdrückende Erdenlast tragen -, unendlich schwer wird, sich mühsam auf der Stätte Meiner einstigen Tätigkeit und Meines Leidens zu bewähren? Siehe, Du meintest einst, Ich solle Dich aussenden, um nicht nur die Kindschaft [1], durch die Nachfolge in Meinen Spuren, zu erringen, sondern Du wolltest überdies auf Erden fleißig Zeugnis von Mir und Meinem Wesen ablegen!

Aber - ist es Dir geglückt?

Hat Dich nicht doch die feststoffliche Fessel so gefangen genommen, so gebunden gehalten, dass es Dir nicht gelang, wie Du aufrichtig hofftest, den Zwang der Materie zu durchbrechen, um das Ziel zu erreichen, welches Du Dir stecktest..?

Jetzt blicke zurück in alle Zeiten, die Du durchlebtest; erkenne mithin die Kette Deiner Lebensschnur, die Dich, Deine Seele, zu dem gebildet hat, was Du nun geworden bist. Es mag Dich beschämen - doch sei glücklich in der Erringung des wenigen, welches Du erreichtest.

Ich mache Dir keine Vorwürfe, dass Du mit Deinen Plänen doch so ziemlich scheitertest, denn vieles kannst Du, mit Meiner Kraft, jetzt noch nachholen...

43

Säume indes nicht, freiweg, durch ein Beispiel für andere, Deinen Mangel zu bekennen, denn Du bist nicht allein im Kreise derer, die vermeinten, guten Willens, leichterdings vieles für Mich leisten zu können - und schließlich doch nicht errangen, was sie, ohne Leibesschwere, spekulierten souverän und sicher zu erfüllen.

Ich verlasse Dich nicht mehr, denn Deine Wahrhaftigkeit und Liebe zu Mir hat es zustande gebracht, dass Du den Sitz Meines Geistes, im Rande der *Geistigen Sonne* [2], schauen kannst; **an Dir** wird es liegen, ob sie weiter höhersteigt, um Dich mit ihren Strahlen vollständig zu durchdringen. Der Anblick ihres äußersten Randes erhebt Dich schon über viele Schwierigkeiten hinweg - und an ihrem Sinken, respektive Emporklimmen am Firmament wirst Du erkennen, ob Du (seelisch) zurückfällst oder fortschreitest.
Indes - rufe Mich in der Not an, so werde Ich Dich erretten; ziehe Mich in Deiner Liebe an, so wirst Du Mich jederzeit sehen und sprechen, gleich, wie ich jetzt, sichtbar für Dich, mit Dir rede!"

Daraufhin zog Jesus mich abermals an Seine Brust. Mich durchströmte in diesem kostbaren, zeitlosen Moment ein unendlich süßes Gefühl der Geborgenheit und Liebe. Nach einer geraumen Weile drückte Er mich sanft von Sich und - war verschwunden...
Den Sonnenrand aber sah ich weiterhin glänzen, strahlen und wärmen...

5 - Vom wahren Beten

Ich war wieder allein und überdachte das Geschehene, wobei mir verschiedene Aspekte des Seins deutlich, ja nahezu greifbar, vor die Seele traten:

Mir wurde vor allen Dingen klar, dass ich Heil und Segnung nicht durch sogenanntes Vertiefen, nicht durch Hinstarren und Grübeln bezüglich der Angelegenheiten des Herrn finden würde; nicht durch lange, phrasenhafte Lippengebete [1], Suchen nach gediegenen Worten in schwülstig-pathetischen Vorträgen, die gegebenenfalls mehr der Selbstdarstellung dienten als zum Gottverständnis und zu Seinem Lobpreis beizutragen - sondern einzig durch festes Zufassen, durch freudige, eifrige Tätigkeit zu erwarten hatte.

Arbeiten im "Weingarten" [2] des Herrn ist bereits Gebet; nur reden, um andere an vermeintlicher Frömmigkeit zu überragen, zumindest Zeitverschwendung und gänzlich nutzlose Kraftvergeudung - gegebenenfalls gar weit schlimmeres, falls Stolz und eitler, narzisstischer Hochmut die Tat begründen sollte [3].

Die höheren und höchsten Geister liegen nicht anbetend im Staube auf ihrem Angesicht zu Füßen des Herrn - das alleine ähnelte eher der Handlung eines schrägen Götzendienstes! Der Herr will fröhliche, Ihm fest vertrauende Arbeiter, welche die Menschheit, und sich selbst, der Vollendung näherbringen - keine frömmelnden, Litaneien singenden, in langen Gebeten sich ergehenden Faulpelze, die vermeinen, wegen vieler Worte Erhörung zu finden [1], durch ihr verkehrtes Wirken dem Christus wohlgefällig zu sein und sich einen Schatz im Himmel zu erwerben. [4]

Weit gefehlt! Nein, all jene sind faule Knechte, die ihr anvertrautes Pfund vergraben, anstatt damit zu wuchern. [5]

Aus diesem Grunde sind auch Klöster, Gebets-Gesellschaften und Kreise, welche ein *träges Abwarten* praktizieren, um von Gott das zu erhalten, was sie verlangen, Irrwege, die nicht zum Herrn, sondern von Ihm wegführen! Insofern allerdings die Erlangung tiefer, wahrer Gottverbindung und eine die Seele entwickelnde Arbeit an sich selbst das auslösende Agens darstellt, mag die Wahl eines Klosterlebens jedoch auch eine sehr förderliche sein; diese Möglichkeit bleibt natürlich unbelassen... [6]

Gewiss ist es nötig, dass sich die Seele erhebt und in dem Bewusstsein, dem Herrn zu dienen, nicht nur eine gewisse Stimmung, sondern heiße Liebe empfindet - aber gerade diese Empfindung wird nur durch festes Wollen zur Pflichterfüllung, durch innige Freude an dem zu schaffenden Werk errungen. Ein bloßes Hinbrüten und Lauern auf göttliche Gnade führt hingegen wohl kaum zum Ziel..!

Vorüber die Zeit, in welcher das Aufgehen der Saat abgewartet wurde [7] und das Sprießen des Kornes lediglich Aufmerksamkeit, getreues Pflegen und Bewahren vor Wildschaden erforderte - jetzt stehen wir am Beginn der Ernte; müssen die Ären schneiden, sammeln, in die Scheunen bringen. Und dann, erst dann, wird das Getreide gedroschen, die Spreu vom Weizen gesondert und köstliches Brot aus dem feinen Mehl gebacken.

Wer dieses Bild versteht, wird wissen, welche Stunde geschlagen hat, und wie sich die Welt in der zukünftigen Zeit gestalten wird. [8]

All das stand nun in unverhüllter Erkenntnis vor meinen Augen; erhellte mir unmissverständlich, was ich zu tun hatte. Es war einst, dass ich eine - nicht-irdische - Vorexistenz auf einem Planeten, fernab unseres Sonnensystems, lebte, dessen Bewohner in der Willensfreiheit noch nicht so vorgeschritten sind wie jene der Erde, welche aber den Herrn erkennen und lieben - weit mehr als die auserwählten Kinder unseres so besonderen Globus.

Wisset, dass der Herr nur diejenigen um Sich scharen kann, die, von solcher Liebe erfüllt, Seiner Spur nachfolgen - und durch zielbewusstes Wollen die härteste Willensfreiheitsprobe [9] bestehen.

Wer die Liebe in sich fühlt, glaubt - mit ihr - alles überwinden zu können. Und so schien es auch mir leicht, ein Nachfolger Jesu zu werden, zu sein...

"Denn, was kann einem fehlen, wenn man sich allein von dieser Liebe leiten lässt..?", dachte ich mir - ahnte indes nicht, wie unendlich schwer diese "Willensfreiheitsprobe" ist, weil man ja alles neu erringen muss. Nur aus sich selbst heraus wirken und kreieren; sogar die erst so glühende Liebe zum Sohne Gottes neu zu erwecken und zu pflegen hat.

Bedenket wohl: Es gibt Engel(sgeister), die jene Probe auf Erden nicht bestanden - wenngleich sie vielleicht auch nicht gänzlich scheiterten -, die aber, gefangen von der Materie, nicht imstande waren, ihre übernommene Aufgabe zu erfüllen, weil sie die Fesseln der eingebildeten, ihnen vordem so fremd gewesenen, Weltfreuden, als vermeintliche Süßigkeit, kosteten und viel Geschmack daran fanden. [10]

Diametral entgegengesetzt dazu verfielen wieder andere, in vollständiger Verkennung ihrer Aufgabe, in Abscheu gegen alle Freuden der Welt. Schlossen sich peinlich von ihnen aus; glaubten, dass Flucht und konstruierter Ekel vor diesem Treiben "Überwindung" sei - und erreichten dadurch erst recht nicht ihr Ziel!

Weiters gibt es jene, von denen Goethe schrieb:

"Zwei Seelen wohnen, ach, in meiner Brust,
die eine will sich von der andern trennen;
die eine hält, in derber Liebeslust,
sich an die Welt, mit klammernden Organen;

die andre hebt gewaltsam sich vom Dust
zu den Gefilden hoher Ahnen." [11]

Hier kommt es nun ganz darauf an, welche seelische Regung die Oberhand gewinnt. Je nachdem wird sich das Schicksal des Menschen gestalten; wird er emporgehoben "zu den Gefilden hoher Ahnen" oder - untergehen...

Ich teile das alles mit, damit jeder sich prüfe, ob er sich auf besagter, verkehrter Bahn befindet oder Hoffnung hat, die übernommene Aufgabe auszuführen, die sein Tun und Lassen, wie ein Fanal, ein beständiges, verlässliches Leuchtfeuer, erhellt; wie ein unterschwelliges Gespür für Lebenssinn generierenden Fokus in ihm ruht...

Ja, dieses Erahnen und Spüren macht sich wohl hier und da bemerkbar, aber des Lebens Tenor, die zum Kern liegende Daseinsbestimmung, wird dennoch vielfach verkannt. Selbsttäuschung bezüglich des eigentlichen, wahren Ziels erfasst den Menschen nur gar zu oft. Er glaubt, eine korrekte Idee, eine detaillierte Vorstellung von dem ihm eingelegten Auftrag zu besitzen - verwechselt indes seine Wünsche, welche sich zum *Wollen* ausprägen, mit dem ursprünglichen *Sollen*. So jagt die Seele schnell Phantomen nach und verfehlt ihren Erdengang, der dann alles andere, nur keine Nachfolge Christi ist..!

Seht, deshalb ist auch mein irdisches Leben für die Wahrheit dieser Worte ein deprimierendes Beispiel:

Was sollte ich auf Erden? Nächst meiner eigenen Ausbildung und dem Streben nach Vollendung sollte ich ein Lehrer im Dienste des Herrn Jesus werden; ich hatte gebeten, auf Erden über Ihn Zeugnis ablegen zu dürfen, von Seiner Lehre, Seiner Liebe zu uns.

So wollte/sollte ich des Mitmenschen Gegenliebe zu Ihm erwecken; meinen Nächsten im innersten seines Herzens ergreifen, auf dass er/sie sich zum Herrn und Meister des Weltalls bekennen möge.

Hineingeboren in mittelständische, fast ärmliche Verhältnisse, stand mir dennoch bald die Welt offen. Nicht ohne Grund wurde ich ins zaristische Russland gerufen und lernte dort die niedrige, weltfreudig-dekadente Gesinnung der Menschen kennen. Ich glaubte, durch meine musikalische Kunst auf die Gemüter konstruktiv einwirken zu können - und es ist mir auch sporadisch gelungen.

Aber selbst in meinem Violinspiel bereitete es mir mehr Vergnügen, die technischen Schwierigkeiten virtuos zu überwinden (deren Bewältigung stets große Bewunderung hervorruft), als durch meine Fähigkeiten, in welchen sich die Seele zeigte, selbstlos auf die Gemüter meiner Zuhörer einzuwirken.

In Petersburg erst erhielt ich - besonders durch die Bekanntschaft mit den Büchern Swedenborgs - eine zuverlässige Richtlinie, einen "Kompass".

Namentlich durch die Freundschaft mit meinem Kollegen Thieme wurde ich auf vieles aufmerksam gemacht, was ich ohne ihn nicht erfahren hätte; aber trotzdem überwog, überschattete, mein eigenes Wollen das - ureigenst beabsichtigte - Sollen!

Schon als Knabe geneigt, Aufmerksamkeit durch besonderes Talent zu erwecken (zweifellos als Folge des in mir ruhenden, noch nicht zum Bewusstsein gelangten Sollens), schlug benannter Hang und Drang einen falschen Weg ein!

Ich hatte große Vorliebe für die Taschenspielerei, für magische Tricks und Experimente.

Da, wie Dich auch Deine Erfahrung lehrt [12], nun der Gegenpol [13] stets bemüht ist, das Sollen über dem Wollen zu verwirren und abzulenken, fand ich denn auch in Petersburg ganz außerordentliche Gelegenheit, meiner Sucht (als solche muss ich sie wohl bezeichnen) nachzugehen.

Der Kauf der vielen "Zauberapparate", die Freundschaft mit Schreinzer, diente nur dazu, meine innewohnende, grundgelegte Tendenz auf falsche Weise zu bestärken und die Intuition, positiv auf Menschen einwirken zu sollen, in falsche Bahnen zu lenken.

Mir schwante, ich vermutete wohl - ich solle sammeln!

Doch *was* und *wie*..?! [14]

Gewisslich die Menschen guten Herzens, die ich belehren sollte [15] - ich aber sammelte Faustbücher [16]! Wurde eine Autorität in der Faustliteratur, verfasste eine Menge Schriften und Bücher über dieses Thema und Verwandtes; doch - was für ein Irrweg! *Bücher* beschaffen, horten und hüten - nicht Menschenseelen!

Versteht ihr den Zusammenhang zwischen dem *Sollen* und der falschen Ausführung dieses *Sollens* durch ein fehlgeleitetes *Wollen*? [17]

Forscht in euch, ob ihr nicht Ähnliches getan habt und/oder noch tut; kehrt im gegebenen Falle um, solange es noch Zeit ist. Ergründet, ob euer Sollen auch wirklich mit dem Wollen eurer Tagesarbeit im Einklang steht und scheut euch nicht, falsche Wege zu vermeiden, zu korrigieren, zu modifizieren; nötigenfalls gar umzukehren, neu zu beginnen, neu zu starten..! [18]

Bei solch explizitem Bemühen, das heißt erkannte Fehler zu verbessern, euer Wollen in die Bahn des Sollens zu lenken, wird euch die Kraft des Herrn Jesus Christus stets beistehen.

6 - Im Dienste der Liebe

Nachdem ich mir nun völlig darüber klar geworden war, dass auch für mich, vor allen Dingen, die Arbeit, die Tätigkeit vonnöten war, ging ich daran, diesen bisherigen Missstand auszufüllen. Ich wollte zunächst, was sehr verständlich und nachvollziehbar sein dürfte, meine Freunde aufsuchen; wollte meine Frau und meinen Bruder sehen - kurz: alle, die ich im irdischen Leben kannte, die ich vermisste und die vielleicht meiner Hilfe bedurften.

Weil ich jetzt wusste, dass es in der aktuellen Situation hauptsächlich auf das *Wollen* ankam [1], konzentrierte ich meinen Willen, folgend dem erstrangigen Impuls, ganz besonders auf die ersehnte Gesellschaft meiner Frau, Deiner Mutter [2].

Ich rief Jesus an und strebte mit aller Kraft.

Keine irdischen Sekunden oder Minuten später, fühlte ich mich emporgehoben und fortgeführt; verließ mein Tal und wurde in eine ganz andere Gegend, welche mir nicht sonderlich gefiel, transportiert, besser gesagt versetzt.

Es war dort nicht so hell wie in meinem schönen Tal, viel dämmeriger - tageszeitlich entsprechend weit nach Sonnen-untergang; eine Spätabend-Stimmung.

Ich ließ mich von meinem fest im Herrn begründeten Wollen tragen und gelangte so alsbald zu einem Gebäude, welches, grob besehen, etwa einem Bauernhaus glich, wie Du es - inklusive der umgebenden Landschaft - aus dem Norden kennst [3].

Ich sah niemand; keinen Menschen, kein Lebewesen und trat, wie von einem inneren Drang geleitet, in das Gebäude ein.

Ein schmaler, kurzer Korridor lag vor mir; ich folgte jenem in Richtung einer mich, wie magnetisch, anziehenden Tür.

Nachdem ich diese geöffnet hatte, stand ich in einem kleinen, unbedeutend wirkenden Zimmer mit einem Ruhebett. Auf dieser Liegestatt indes saß eine Gestalt, welche ausdruckslos vor sich hinstarrte. Mich erfasste sofort ein grenzenloser Schmerz, denn ich erkannte Deine 1905 [in Dresden] verstorbene Mutter, die genauso apathisch dreinschaute, wie Du sie in ihrer letzten Lebenszeit gesehen hast. Du weißt, dass es ihr stets an Willensstärke gebrach, dass es schwer war, ihr einen ernstlichen, festen Entschluss zu entlocken. Sie wirkte vielmehr oft wenig selbständig und neigte zur Schwärmerei, das heißt zum kritiklosen Eingehen auf allerlei sie von außen bestürmende Ideen.

Meine Gattin war offensichtlich in einen Zustand getrübter Seelenkraft hinübergeglitten, aus welchem sie, trotz ihres doch so guten und reinen Herzens, immer noch nicht herausgefunden hatte.

Mit einem Blick erfasste ich, was hier zu tun sei! Diese Seele brauchte dringend den Führer, der sie zum ernstlichen Wollen aufrüttelte, der ihr zeigte, was der Herr Jesus von jedem Menschen verlangte, ohne auf Irrwege zu geraten.

"Emilie...?", sprach ich sie vorsichtig und rücksichtsvoll an.

Sie schaute auf, erkannte mich jedoch nicht: "Wer sind *Sie*? Was wollen *Sie*..?"

"Ich bin gekommen, um Dich aus diesem Haus in eine bessere Sphäre zu führen, wenn Du mir vertraust!", ergriff ich behutsam ihre Hand.

Sie sah allerdings nur, mit dem sturen, geistlosen, fast blöden Blick ihrer letzten Tage, an mir hoch und meinte: "Wohin soll ich gehen? Ich bin hier schon so lange und weiß keinen anderen Weg. Ich muss doch bei den guten Menschen bleiben, die mich aufnahmen..."

"Wer sind diese 'guten Menschen'?"

"Hmmm... Ich weiß es nicht... Sie kommen und gehen, geben mir Obdach, Speise und Trank; überlassen mich sonst der Ruhe dieses Ortes..!"

"Hast Du Jesus nie darum gebeten, dass **Er** Dich aus dieser Einsamkeit errette und herausführe?"

"Jesus..., ja, der Herr; davon hörte ich doch schon früher... Du meinst Gottes Sohn..? Natürlich, den habe ich gebeten - aber es nützt nichts. Ich warte schon so lange und es hilft mir niemand..!"

Wie diese Worte mir ins Herz schnitten, kannst Du Dir leicht ausmalen. So also ergeht es den Seelen, die sich nicht in ihrem Wollen aufraffen; nicht die Kraft haben, in Liebe stark zu werden, trotzdem sie grundsätzlich besten Willens sind..!
O ja, der Geist ist willig, aber das Fleisch ist schwach! [4]
Das *Sollen* ist allen bekannt, aber - da haben wir es wieder - am kräftigen *Wollen* fehlt es!
Du kennst die Worte Christi: "Wer hat, dem wird noch mehr gegeben - wer aber nicht hat, dem wird selbst das wenige, das er besitzt, genommen!" [5]
Wer nach dieser Lebens- und Geistesregel handelt, ist - im Diesseits, wie im Jenseits - gesichert! Das mögen sich alle "hinter die Ohren schreiben" – welcher religiösen, konfessionellen oder philosophischen Ausrichtung sie auch angehören mögen!

Deine Mutter kannte den Herrn auf Erden recht wohl; sie hatte also an dem Glauben und im Wissen um Seine Güte einen Schatz - allerdings: selbst *der* war ihr gleichsam genommen worden, weil es ihr an der wahrhaft tätigen Liebe und am festen Wollen fehlte.

Ergo musste ihr erst wieder zurückgegeben werden, was sie verloren hatte..!

Das Ergreifende hierbei ist, dass sie ohne Schuld verlor! Nichts hatte sie begangen, was irgendwie als Fehler hätte bewertet werden können - und dennoch musste sie die Strenge des Gesetzes fühlen, bis ich, durch Jesu Gnade, und durch mein errungenes Wollen, den Weg zu ihr fand.

So konnte ich ihr helfen; ihr von dem geben, was ich besaß.

Darum höret alle, ihr Lieben - das ist das ewige Gesetz des Herrn:

"Erringt, mit eiserner Kraft, mit ernstestem Willen, ein geistig-seelisches Kapital, damit ihr anderen Bedürftigen davon abgeben könnt! Vergesst nicht Wohlzutun und euren Besitz zu teilen, damit er sich fortwährend mehre - denn solcher ist das Himmelreich!"

Versteht diese Worte, im lichten Sinne der verklärten Erleuchtung, recht!

So, wie Jesus (in den Evangelien) zitiert wird: "Häuft euch keine Schätze auf Erden an - wo Motte und Rost sie verzehren -, sondern vielmehr unvergänglichen Reichtum im Himmel. Denn: Wo dein Schatz ist, da wird auch dein Herz sein..!" [6]

Du kannst Dir sicher denken, was ich nunmehr tat:

Ich erweckte das Bewusstsein Deiner Mutter betreffs ihrer momentanen Existenz; betonte die ultimative Wirksamkeit der Ihm von Gott gegebenen Machtfülle des Herrn [7].

Belehrte sie bezüglich dessen, wie lieb Jesus alle Geschöpfe hat, welche ja letztlich allesamt durch Sein Mitwirken ins Dasein kamen. [8]

Zu obigem Punkt eins: Ich musste ihr tatsächlich gegenwärtig machen, dass sie schon längst im Jenseits war! In der Tat - diese Erkenntnis fehlte ihr völlig!

Wie ich, Schritt um Schritt, ihren Geist erweckte und stabilisierte, ihr Wollen kräftigen und aufrütteln konnte, wich auch ihre unnatürliche Starrheit und Seeleneinschnürung...

Schließlich - erkannte sie mich..!

Seht, das war eine große Freude für uns beide!

Die Zuneigung, die Liebe, die uns jetzt erfasste - wie ist solche doch so unendlich fern von dem, was auf Erden "Liebe" heißt! Wie so ganz anders erfassen sich Seelen, welche zueinander gehören, das heißt - um die Wortkonstellation etwas zu modifizieren - wenn sie sich, als einander zugehörig, erkennen..!

Welche Seligkeit verkosten beide in dem *gemeinsamen* Streben nach Vollendung!

Doch - ich greife vor und will genauer berichten..:

In kürzerer Zeit, als ich anfangs wagte zu hoffen, konnte ich die gestörte und verwirrte Seele entflechten und zurechtrücken. Selbstverständlich regte sich, mit dem wachen Erfassen ihres unzulänglichen Zustandes, der Wunsch in ihr, aus dieser ungemütlichen Jenseitsebene zu entfliehen. Aber das ging nicht ganz so schnell, wie begehrt..!

Ich war ja in eine andere Sphäre eingedrungen! Das empfand ich deutlich - nur *wem* gehörte sie?

Waren vielleicht noch weitere Seelen involviert, die meiner bedurften? Meine Frau hatte von "guten Menschen" gesprochen, die sich ihr genähert und ihrer angenommen hatten; denen sie - und auch ich - dankbar sein musste(n).

Keinesfalls wollte, und durfte ich sie ohne Dank, ohne Wissen einem Kreise entführen, dem sie bisher angehörte. Also galt es, dieses Umfeld, diese Sphäre, zu untersuchen, in welcher sie bisher gelebt hatte.

Während Verfolgung besagter Intention, gab es eine neue, mir wunderbare Überraschung! Ich verband mich, innigen Gebets um Klärung, mit Jesus, und wurde von einer mich anleitenden Kraft vor das Haus hinausgeführt...

Dort stand, in leuchtender Klarheit, eine Gestalt vor mir, die mich anlächelte, obwohl ich nicht wusste, wer sie war.

Sie sprach mich an und sagte: "Du erkennst mich nicht - und doch bin ich Dir wohlbekannt! Ich zeige mich Dir jetzt in einer Form, durch die Dir dieses gelingen wird; denn siehe, ich bin bereits eng verbunden mit meinem zupassenden Dualgeist, lebe in Himmlischer Ehe mit dem mir von Gott zugeteilten männlichen Prinzip und kann mich daher zeigen, sowohl als Mann, wie auch als Weib. [9] Erfasse nun ganz, *wer* ich bin..."

In diesem Augenblick begriff ich! Denn nun hatte ich ganz klar eine Sprecher**in** vor mir! Ein Weib war es, das jetzt vor mir stand und aufs Haar dem Foto [10] glich (nur in unvergleichlich erhöhter Reinheit und Schönheit), welches Du in Ehren hältst von der früh verstorbenen Schwester Deiner Mutter; also - de facto - meiner Schwägerin und Deiner Tante, der weder ich, noch Du, auf Erden je begegnen durften. Es war Juliane Westberg, Dein Schutzgeist, dessen Wirken und Führung Du so oft schon empfunden hast.

Sie, die von allen nur "Julie" genannt wurde, klärte mich auf, dass dieser Ring [11], in dem ich meine Frau gefunden hatte, der unterste ihrer Sphäre sei, in dem sie wirkte. Weiters, dass er zu denen gehörte, welche emporzuführende Seelen aufnimmt.
"Ich habe Dich erwartet, lieber Carl! Deshalb wurde die bisher so teilnahmslose Seele Deiner Frau, meiner ehemaligen irdischen Schwester, auch bis jetzt in dem Zustand der Ruhe belassen, in dem Du sie vorgefunden hast. Es ist *Deiner* Mühewaltung *bestimmt*, sie zu erwecken und Dir für den Himmel zu gewinnen!
Ich freue mich unendlich, zu sehen, dass es Dir gelungen ist, Emilie zu finden, und möchte sie jetzt Deinem Geleit zur Weiterführung übergeben."

Ich dankte Julie von Herzen.

Es ist wohl selbstverständlich, dass ich, nach diesen Worten, an Emilies Eltern, meine Schwiegereltern, dachte, und fragte, wo diese seien - wie überhaupt all jene Verwandten, welche, anzunehmenderweise, zu ihrem Kreise gehörten.

"Komm und sieh selbst", antwortete sie mir, "aber erst höre, was ich Dir noch zu erhellen habe! Du sollst über die Wechselbeziehungen der einzelnen Seelen, die als Verwandte auf Erden leb(t)en, unterrichtet werden, damit Du - auch in dieser Hinsicht - richtig einzugreifen lernst und keine Fehlergebnisse heraufbeschwörst..."

7 - Seelenverwandtschaft

"Schon auf Erden", hob Julie an, nachdem ich mich auf ihre avisierte umfangreiche Unterrichtung eingestellt hatte, "vermutet der Mensch im Allgemeinen, dass Verwandte - selbst dann, wenn es keine Blutsverwandten, sondern nur angeheiratete sind - von einem bestimmten, mehr oder minder deutlich empfundenen, Freundschaftsband umschlungen werden, welches sich als gegenseitiges Zugehörigkeitsgefühl kundgibt.

Es ist nicht immer leicht, gegen jene Empfindung anzukämpfen, wenn sie erst einmal erwacht ist; ja, sie kommt oft stark zum Ausdruck, wenn es manchmal auf Hilfe- leistungen ankommt. Unterstützungen, welche tatsächlich zumeist gewährt werden - selbst dann, wenn dies, zum Teil, nur widerwillig geschehen mag.

Andererseits macht sich aber, bezüglich Verwandter, auch ein gegenteiliges Empfinden bemerkbar; namentlich sobald schlechte Erfahrungen untereinander gemacht wurden, sodass der eine oder andere Betroffene konstatiert, lieber mit Fremden als mit Verwandten zu tun haben zu wollen! Beiden ist es aber, trotz alledem, nicht möglich, dieses eigenartige Zugehörigkeitsgefühl gänzlich auszuschalten - es taucht immer wieder auf, und sei es allein in der zuweilen neugierigen Frage: 'Was mag wohl Onkel Fritz oder Tante Editha, Opa Willy oder Oma Margot machen - was ist aus ihnen geworden?'

Wer gut zu unterscheiden versteht, zudem scharf beobachtet, wird finden, dass die umschriebene, gespürte Verbundenheit einer Quelle entspringt, die weniger als Liebe und mehr als bloße Freundschaft umfasst; weiters nicht nur ein fades Interesse allein in sich birgt, sondern ein seltsames Gemisch

58

von Seelenempfindungen ist, dessen Ursprung tiefer liegt, als es dem Menschen zum Bewusstsein gelangen mag. Die Qualität der verschiedensten Interaktionen zwischen Verwandten, welche ebenfalls seelische Regungen hervorrufen, kommt bei dieser Untersuchung nicht in Frage - somit muss davon abgesehen werden, wenn man die Lösung finden möchte.

Um besagter Angelegenheit erfolgreich auf den Grund gehen zu können, muss eine Dimension des Erfassbaren hinzugefügt werden. Richtig geahnt, wer vermutete, dass hierbei eine *jenseitig* begründete Ursache der Wirkung unterliegt - ein Einfluss also, der auf Erden, leider, gemeinhin unbekannt bleibt.

Wo sind diese Seelen, die sich nun als Verwandte zu erfinden haben, eigentlich *hergekommen*? Ist es denn wirklich so gänzlich gleichgültig, ob bei Menschen, die sich auf Erden als Verwandte zusammenfinden, die Quelle ihres Ursprungs eine gemeinsame, zumindest aber nahestehende, oder eine gänzlich voneinander fremde ist?

Das heißt, um das Rätsel zu entwirren: Ist nicht, ganz berechtigt, weit eher anzunehmen, dass schon **vor** dem irdischen Lauf eine Seelenverwandtschaft bestand, die sich auf Erden nur in einer gegebenen Konstellation kristallisiert? Wenn sich zwei Menschen verschiedenen Geschlechts heiraten, so tun sie es nur, weil sie zumindest glauben, harmonisch miteinander leben zu können. Man heiratet doch nicht mit der Intention, sich gegenseitig zu befeinden und das Leben zu beschweren!

Wenn allerdings letzteres, nach einiger Zeit, dennoch eintritt, so war das Hoffen und Glauben, mit welchem man an den Start ging, leider ein mehr oder weniger großer Irrtum; ein Vergreifen, ein Verkennen von Tatsachen - entstanden durch einen bunten Strauß von Blendwerken des irdischen Materieweges, in Gestalt von diversen Anstößen zur

Verfehlung und Versuchung, welche letztlich überwunden werden müssen.

Insofern die gewünschte Harmonie, die zu einem Ehebund führt, auch vorhanden ist, besteht zuallermeist bereits ein Seelenband früherer Verwandtschaft.
Dies ist einfach die Folge eines, sowohl im Jenseitigen, als auch im Diesseitigen, gültigen Lebensgesetzes - dass nämlich das Gleiche zum Gleichen finden soll.
Dieses Gesetz ist derart beschaffen, dass es dabei das Eigenartige, Individuelle, nicht erstickt, sondern sich jenes recht wohl entwickeln kann - so wie die sich gleichenden Blätter eines Baumes, keineswegs, wie der Mathematiker sagt, miteinander kongruent sind [1], also nur billig etwa einem mechanisch wiederholten Stempelabdruck glichen.

Bei Vorliegen erwähnter förderlicher Resonanz werden auch sich ähnelnde Seelenpartikel angezogen, die eine Menschenseele bilden. Eine Mutter wird stets Kinder gebären, die diesem Gesetz entsprechen; sollten sich diese Kinder trotzdem später, in moralischer und sittlicher Beziehung, als recht verschieden erweisen, sei nochmals an oben genannte Analogie erinnert, dass ein Baum durchaus verschieden geformte Blätter hervorbringen mag - die dennoch von derselben Art sind..!
Des Menschen letztliche 'Prägung' hängt - entsprechend dem Charakter - von Einflüssen der Erziehung ab, von der Umgebung, Auffassungsgabe, seinem Fleiß und Ehrgeiz, seinem körperlichen Befinden, von seinen Erfolgen oder Misserfolgen und so weiter und so fort; das heißt von sehr komplexen Zusammenhängen und mannigfaltigen Faktoren im Leben - so dass jenes, worauf ich hinweisen will, mit diesen Variablen der späteren individuellen Person zunächst nichts zu tun hat.

Ich möchte hier nur andeuten, dass ein Zugehörigkeitsgefühl durch harmonische, tiefere Seelenprinzipien entsteht, welche bereits aus dem Vorleben heraus in Kraft treten.
Wo diese spezielle Verbundenheit gänzlich fehlt oder wieder erlischt, ist keine frühere Verwandtschaftsquelle vorhanden."

Ich nickte und Julie fuhr fort:
"Die räumliche Entfernung auf Erden spielt dabei keine Rolle, wenn es für uns jenseitige Helfer darum geht, verwandte Seelen zusammenzubringen. Rein irdisch besehen treten dann sogenannte 'Zufälligkeiten' auf den Plan, um ein Aufeinandertreffen solcher zu arrangieren.
Das Grundgesetz aller Seelenharmonie ist Anziehung; hingegen Abstoßung die Ursache jedweder Disharmonie darstellt.

Genannte Anziehung, respektive Abstoßung braucht indes nicht gleich ins Tagesbewusstsein überzutreten - dies entwickelt sich zuweilen auch erst mit den Erfahrungen und der Zeit, je nachdem das verwandtschaftliche Gefühl erwacht oder sich als Irrtum erweisen sollte."

Ich wurde von Julie ermuntert, den mir offenbarten Filter nun praktisch zu erproben, damit ich feststellen konnte, wo die mir *wirklich* seelisch Verwandten steckten, um diese dann in meiner Sphäre zu sammeln und zu vereinen.
Dass meine Frau mir zweifelsfrei am nächsten stand, empfand ich nur allzu überdeutlich! Es wurde mir klar, dass wir uns bereits auf jenem extrasolaren Planeten [2], den ich zur Erreichung der Gotteskindschaft verließ [3], gekannt hatten und, schon aus diesem Vorleben resultierend, eine intensivverwurzelte Seelenverbindung befestigt war, deren Urgrund mutmaßlich gar *noch weit tiefer* reichte.
Schon dort und damals war ich ihr Führer gewesen, sollte es - um so mehr - auf Erden sein...

Der Umstand ihrer Sankt Petersburger Geburt und des "Zufalls", welcher mich genau eben dahin bugsierte, war nur eine Bestätigung des zuvor erwähnten Grundgesetzes.
Überdies - dass es meinem Bruder Friedrich, mit seiner Caterine-Antoinette, genauso erging, die er ja auch in Russland kennenlernte, wird Dir leichthin offenkundig sein.

Julie übergab mir nunmehr meine Frau, die sich überraschend schnell entwickelte, nachdem erst die Kraft des Wollens in ihr hinreichend erwacht und in Wirksamkeit getreten war.
So konnten, und wollten, wir nun *gemeinsam* weiter auf die Suche nach den Verwandten der irdischen Laufbahn gehen. Da ich *meine* Eltern bereits gefunden hatte, war es der natürliche Wunsch meiner Frau, auch die ihren wiederzusehen. Jenes Begehr wurde ihr schnell erfüllt, denn das Haus, in welchem sie sich bisher aufhielt, gehörte - was sie nicht wusste - ihren Eltern, die nur zeitweilig abwesend waren, jedoch stets wiederkehrten. Ihre Absenz begründete sich ohne Umschweife damit, dass diese Region (die Sphäre, in welcher ich Emilie vorgefunden hatte) nicht mehr ihre Wohnstätte war.
Es war ihnen, trotz aller Bemühungen, bislang nicht gelungen, ihre Tochter zu befreien und mitzunehmen...

*

An dieser Stelle alle Verwandten zu nennen, die wir aufsuchten, und deren Zustände zu schildern, kann unmöglich meine Absicht sein; jeder, der unsere Schriften kennt, weiß, dass die sphärische Umgebung exakt der inneren, seelischen Reifung entspricht - und etwas Außerordentliches, was notwendig wäre gesondert zu beschreiben, habe ich nicht zu berichten...
Der Hinweis möge genügen, dass nach dieser gemeinsam unternommenen Aktivität, meine von ihrem getrübten Geist

auferweckte Frau und ich - wir - in mein kleines Reich zurückkehrten und ich von dem Häuschen, dass nun das *unsere* werden sollte, wieder Besitz nahm.

Die Gegend war noch immer dieselbe, der Sonnenrand glänzte wie vordem über dem Horizont. Ich erklärte Emilie alles und sie nahm es sämtlich wunderbar verständig und ganz komplikationsfrei in ihr Gemüt und Herz auf...

∧ Der irdische Autor, Leopold Engel,
Sohn von Carl Dietrich Engel

8 - In irdischen Sphären

Jetzt aber begann meine Arbeit, denn ich begriff sehr wohl, dass mein Aufenthaltsort nicht der Allgemeinplatz jener Geister sein konnte, die dem erschauenden Bereich der Wahrheiten Gottes noch - mehr oder weniger - fern waren. Mir standen - wenn ich, gemäß Jesu Willen, zur produktiven Tätigkeit schreiten wollte - wahrscheinlich noch weitere niedere sphärische Regionen zugänglich offen; nicht nur jene, aus welcher ich mir Emilie entführen durfte.

Ich dachte daher daran, ob es nicht angemessen sei, mich in den Wirkungskreis der Erde zu begeben, um von dort aus das Aufsteigen der abgeschiedenen Seelen zu beobachten; zu lernen, was mit ihnen individuell jeweils geschieht.

In der Rückversicherung auf den Herrn und Seine Kraft, mir bei allem Rechten beizustehen, setzte ich mein Vorhaben bald in die Tat um.

Dabei beobachtete ich vielerlei Bemerkenswertes:

Eine stattliche Anzahl vorgeschrittener Geister ist stets bereit, die Seelen Verstorbener in Empfang zu nehmen und sich um sie zu kümmern [1]. Jedes Jahr sterben, wenn wir einmal von der Außergewöhnlichkeit eines weltweit tobenden Krieges oder einer Pandemie absehen wollen, zig Millionen Menschen [2]. Es ist daher ein voluminöses Werk zu leisten, das sich jedoch auf ein beachtliches Gesamtheer genügend seelisch-geistig Fortgeschrittener verteilt, welche gesetzmäßig eingreifen können und dürfen, ja, sollen.

Im weiten materiellen Kosmos sterben, dies ist leicht eingänglich, Menschenwesen - nicht nur auf unserer Erde, sondern auch auf vielen anderen Planeten der ver-schiedensten Sonnensysteme in unzähligen Galaxien [3].

Darüber hinaus entwickeln sich Seelen aus den Wesen der Erde und müssen eingekleidet werden [4], ebenso diejenigen Seelen, die bereits ein (oder mehrere) Vorleben absolvierten. Es gibt also für den, der Erkenntnis und Arbeitsfreudigkeit besitzt, reichlich zu tun!

Doch ich will der Summe des in der Folge Gelernten nicht vorgreifen...

Zunächst *behagte* es mir absolut nicht, wieder in die Erdsphären einzutreten! Stelle Dir vor, ein Kork solle im Wasser untertauchen - das wird schwierig, denn er schwimmt, weil leichter als Wasser, naturgemäß immer oben, beziehungsweise drängt, für den Fall, dass man ihn herunterdrückte, jeweils wieder mit Allgewalt zur Oberfläche zurück.

Soll er doch untertauchen, so muss er dazu mit alternativen Materialien beschwert werden. So geht es einem ätherischen Geist, dessen Seele schon in reinen, feinstofflichen Zonen lebt. Die Seele muss sich - vorübergehend - mit (groben) Erdstoffen beschweren, oder, um ein anschaulicheres Bild zu verwenden, einen "Taucheranzug" [5] (mit zusätzlichen "Bleigewichten") beschaffen, welcher es ihr ermöglicht, in die verlassenen Tiefen hinabzusinken.

Das will nicht nur gelernt sein, sondern es gehört auch Mut und eine große Überwindung dazu! Es steigt doch niemand gerne in eine Kloake! Eine solche ist wahrlich - im übertragenen Sinne wohlgemerkt - der Bereich des Erdenglobus, im Vergleich mit den reinen, geistigen Sphären. Wer also direkte Mission zu leisten hat, muss gleichsam "über seinen Schatten springen", wenn er sich, im schweren "Erdenkleid", der "stickigen Luft" wieder auszusetzen getraut; einen "Mief", den er zur physischen Lebenszeit gar nicht als solchen bemerkte, respektive erkannte.

Jeder Mensch verbreitet nämlich eine sogenannte Aura, also einen "Lebensdunstkreis" um sich, der immer widerlicher stinkt, je niedriger derselbe in seinem Innern steht. Diese Aura wird den physisch Lebenden nur wenig bewusst - aber sehr stark den helfenden Engeln und Geistern!

Es ist letzteren daher wirklich keine Kleinigkeit, sich solchen Menschen zu nähern; teils um sie, noch während ihres Erdenwallens, günstig zu beeinflussen, oder auch die entsprechend noch "Kontaminierten", nach ihrem Ableben, in Empfang zu nehmen - denn durch den Schritt hinter den Schleier des Todes wird ihre Aura, im Moment, keine Spur gebessert!

Wie hochnotwendig sollte es euch sein, eure Aura möglichst sauber zu erhalten, sie zu reinigen, wenn ihr spürt, dass ihr sie durch einen unguten Lebenswandel beschmutzt. Suhlt euch nicht, wie die Schweine, im Dreck diverser Sündenlasten, wenn ihr wünscht, dass höhere Geister eure Gesellschaft nicht zu meiden trachten, weil sie jene als widerlich empfinden müssten.

Stirbt also ein Mensch, so nimmt ihn stets ein Vorgeschrittener - das sind jene, die bereits eine eigene Sphäre besitzen - in Empfang und nimmt sich seiner an [6].

Da nun jede hinübergegangene Seele sehr schnell ein Äußeres erhält, das ihrem Inneren entspricht, weiß auch der in Empfang nehmende Geist ganz genau, wie weit die Seele gereift und entwickelt ist, das heißt folglich in welche Region seiner Sphäre er sie einführen kann.

So die Seele sich für solch Unterfangen als inkompatibel erweist, wird sie - alternativ - in eine der vielfachen "Besserungsanstalten" überwiesen werden, um dort geläutert [7] zu werden.

Diese "Sanatorien", "Kurstätten" oder "Krankenhäuser" sind höchst weise eingerichtet und ich darf darüber noch einiges mitteilen. [8]

Vieles ist euch bereits bekannt; so wisst ihr zum Beispiel, dass sich die äußere Umgegend, gemäß den inneren Wünschen einer abgeschiedenen Seele, tatsächlich (passiv) gestaltet oder (aktiv) verändert werden kann. Indes können sich ihre Wünsche auch gegen sie kehren und keine Befriedigung, sondern, im Gegenteil, großes Leid verursachen. Törichte Ideengespinste führen auf Dauer zumindest in eine empfundene öde Langeweile und werden dadurch, wie automatisch, bald auf die rechte Bahn geleitet.

Mancherorts geht es allerdings noch übler zu:

Ihr wisst - weniger via direkte Kundgebungen, als vielmehr aus dichterischen Ergüssen; Phantasien, denen aber ein gutes Teil Offenbarung innewohnt -, dass die verhärtetsten Seelen auch gegeneinander wüten können, das heißt sich zu verderben suchen. Und es doch nicht vermögen, weil ihre jetzigen, astralen Leiber nicht *so* getötet werden können, wie die irdischen. [9]

Hier findet ihr die Hölle im wahrsten Sinne!

Eine Hölle genügend fürchterlicher Schrecknisse... "Flammen", welche nicht durch quälende Dämonen in Gang gehalten werden, sondern durch die gegenseitige Peinigung derber Seelen, welche sich - durch Zulassung - wie Teufel austoben [10]; ja, zu solchen mutieren, es auch oft schon auf Erden waren. Nun erfahren solche völlig verrohten Seelen am eigenen Leibe, wie es sich anfühlt, was sie anderen einst antaten und weiterhin allzugerne weiter anzutun wünschten, wenn nur nicht die Rollen von "Tätern" und "Opfern", an diesem brennend-eiskalten Ort [11], zur eingänglichen Belehrung, ständig wechselten..!

Namentlich der Krieg [12] hat diese Hölle, durch die vielen verübten Massaker und diversen Scheußlichkeiten [13], stark bevölkert, und es bedarf aller Aufmerksamkeit, oft schroffen Eingreifens der höheren Geister (welche sozusagen als

Gefangenenwärter fungieren), besonders rabiate, brutale Rohlinge zur Vernunft zu bringen.

Keineswegs jeder Geist auf höherer Stufe ist für eine solche, jedwede feine Sensibilität beleidigende und verletzende, Arbeit geeignet! Ebenso wie man auf Erden nicht jeden gebildeten Menschen auf einer derartigen Position würde einsetzen können! Es gehören außergewöhnliche Eigenschaften - eine große Energie, unerschütterlich festes Vertrauen, und wenn es sein muss auch eine bestimmte Härte - dazu, längere Zeit ein derartiges Amt zu bekleiden und wacker diese schwere Aufgabe zu erfüllen; auf seinem, ihm anvertrauten, Posten wachsam auszuharren..!
Es eignet sich ja auch nicht jeder Mensch zum Kriminalbeamten - dazu gehört, außer den nötigen Charaktereigenschaften, auch eine Affinität zur Ausübung solchen Berufes; eine Neigung, welche nicht jeder empfindet, gar nicht empfinden *kann*, insoweit seine Fähigkeiten, Ziele und Bestrebungen in gänzlich anderer Richtung liegen.
Zum Beispiel vermag ich es persönlich nicht - wenn ich mich auch nicht scheue, ausgerüstet mit der Kraft des Herrn, in die tiefste Hölle zu steigen, um irgendeine Seele zu retten. Indes - *dauerhaft* diese Regionen zu *beaufsichtigen*, wäre mir schier unmöglich!

Aus diesen Angaben erkennt ihr, dass in vielen Dingen das Jenseits gar nicht so verschieden vom - aus eurer Sicht so benannten - Diesseits ist. Das wäre auch kaum zu erwarten, weil die Verbesserung der Seelen, ihre Vollendung, jeweils untrennbar mit dem Boden ihrer einst irdischen Tätigkeit verknüpft sein wird.
Die Seelenschulung auf Erden ist ein ganz wesentliches Element, geradezu die Basis, der *Grundstein*, auf dem sich die Höherentwicklung aufbaut; daher kann sich die weitere Reifung des individuellen Wesenskerns eines Menschen, nach

der Umwandlung (ich meine damit den physischen Tod), nur von dem Punkte aus fortsetzen, welcher, zum Augenblick seines Ablebens, sein Dasein auf dem Weltenglobus gestaltete.

Dem Unbedachten droht also beim Wechsel der Dimensionen, dass jede Maske fällt, "der Vogel an seinem Gefieder erkannt wird" und jede Heuchelei, Selbstbetrug, Beschönigung und Eigenlob in nichts zerfällt; die Seele nackt und bloß in ihrer wahren, inneren Gestalt ihr weiteres Leben anzutreten hat. [14]

Darum heißt es auch: "Eure Taten folgen euch nach..!" [15]

9 - Abschied

Meine Lieben [1], ich habe euch nicht mehr viel zu sagen, denn, um euch bis ins Kleinste ausführlich mitzuteilen, wie, und in welcher Verfassung, ich nun meine Verwandten antraf, ist nicht der Zweck meiner Kundgebung – kann es gar nicht sein, insoweit meine Zeilen, wie ich hoffe, auch einen weiten, *familienfremden* Leserkreis erreichen sollen!

Es möchte euch vielmehr aufgezeigt sein, wie man auf Erden sein Ziel verfehlen, es aber doch im Jenseits (ohne eine weitere zwingende Reinkarnation auf Erden dieserhalb [2]) erreichen kann, wenn man seinem Herrgott, sowie unserem Meister, König und Erlöser Jesus Christus treu anhängt.

Nur Nachfolgendes noch:

Ich befand mein Haus bald als zu klein und musste daran denken, es zu vergrößern. Wie so etwas zu bewerkstelligen war und geschieht, wusste ich ja und folgte auch tunlichst dem gegebenen Rezept.

Das Gebäude erweiterte sich also nach und nach beträchtlich, und bald besaß ich eines, das dem Thiemes nichts nachgab.

Thieme übrigens fand sich wieder bei mir ein, freute sich über mein Fortschreiten und zeigte mir einige Fehler, die mir zuweilen doch noch, bezüglich des Haus-Baus, unterlaufen waren und meistens darin bestanden, dass mein Wollen sich nicht immer ein exakt detailliertes Bild zur Matrize des zu Erschaffenden vorgestellt hatte, sodass dadurch das erzielte Ergebnis nicht durchgängig solide genug war.

Weil ihr nun wisst, dass das Äußere nur ein Abbild des Inneren ist, könnt ihr zu Recht schlussfolgern, dass es mir nicht allzuschwer wurde, entsprechend der Korrektur sichtbarer äußerlicher Fehler, Schäden und Mängel, im gleichen Zuge auch das Innere meines Wesens zu verbessern.

Ich halte es für unnötig, gesondert darauf hinzuweisen, dass ich meine Absichten auch in die Tat überführte, denn die Kraft des Herrn webt in mir; und mein Wille möchte, ja, begehrt, nichts anderes als freudig und voller Liebe den Seinen zu erfüllen.

Ich bin glücklich in der Ausführung meiner übernommenen Pflichten; sehe jetzt diejenigen um mich, die mir auf Erden, und in meinem früheren Dasein, schon lieb und teuer waren - bereit, dem Herrn allein zu dienen, Ihm und Seinen Geboten restlos zu folgen.

So habe ich jetzt erreicht, was zu erreichen unsere Lebensbestimmung ist - und diesen Schritt sollte jeder Mensch, der von der Erde abscheidet, auch erstreben.

Euch mehr zu enthüllen, ist mir jetzt nicht vergönnt - denn könntet ihr euch ein annähernd realistisches Bild unseres gesegneten Lebens machen; könntet ihr nur eine Sekunde lang die Freuden und Wonnen des Jenseits verkosten, würde es euch als eine unmögliche Zumutung erscheinen, noch länger im von euch so bezeichneten Diesseits [3] zu verweilen.

Keiner fürchte sich wegen des Übergangs - er ist zwangsläufig aller zeitgebunden-irdischen Existenz aufoktroyiert!

Niemand aber *sehne* sich, **vor** der Erfüllung seiner ihm von Gott übertragenen Bestimmung und Aufgabe [4], nach dem Übertritt in die wahre Seelenheimat... Niemand ziehe dieserhalb womöglich gar einen Suizid in Betracht – die Konsequenzen wären gegebenenfalls fatal und geleiteten, sehr wahrscheinlich, **nicht** zum erhofften Ziel und Ort..! [5]

Lasst in euch erst die zweifelsfreie, volle Überzeugung gedeihen, lückenlos sämtliche übertragenen Obliegenheiten eurer Agenda gut erfüllt zu haben - dann könnt ihr wahrhaft getrost dem Zeitpunkt der natürlich nahenden irdischen Abberufung entgegensehen.

Überlasst die rechte Stunde dem Herrn allein - dann könnt ihr auch eines freudigen Wiedersehens, einer frohen, tüchtigen und in jeder Beziehung herrlichen Gemeinschaft mit euren Lieben gewiss sein.

Dazu verhelfe jedem die Liebe unseres Himmlischen Vaters in Ewigkeit und Seines höchsten Sohnes [6], den wir erkennen in der Gestalt Jesu Christi, den Heiland [7] aller Seelen, den Tröster aller Leidenden, den Führer aller Gerechten, sowie - als das WORT Gottes [8] - den Schöpfer aller Dinge... [9]

Fürwahr, so möge es sein..!

Anmerkungen des Überarbeiters

Anm. zum Vorwort:

[1] Leopold Engel wurde am 19. April 1858 in St. Petersburg geboren (sein Vater war zu der Zeit Konzertmeister im Orchester des russischen Staatstheaters) und starb am 8. November 1931 in Berlin-Britz (Neukölln).
Der Okkultist, Spiritist und Theosoph Leopold Engel war als Schauspieler und esoterischer Schriftsteller tätig; weiters wirkte er zudem in Leipzig und Dresden eine Zeit lang als "Naturarzt", "Magnetopath" und Hypnotiseur.
Der mit den Geschwistern Ida († 1907) und Frieda Forberg zwei Mal Verheiratete begründete später den "Weltbund der Illuminaten", eine erneuerte Version des Illuminatenordens Adam Weishaupts.

[2] * 21. Februar 1824; † 31. Januar 1913.

Anm. zu Kapitel 1:

[1] Der 1913 verstorbene Carl-Dietrich Engel meint hier die Zeit des 1. Weltkrieges, dessen dramatischen Verlauf, incl. der folgenreichen, erdrückenden Niederlage Deutschlands und Österreich-Ungarns, welche zugleich die Saat für den 2. Weltkrieg legte.

[2] Johann Friedrich Engel (1794 - 1880).

[3] 1. Frau = Wilhelmina, geb. Aubry (? - 1828);
2. Frau = Friederike, geb. Aubry (1800 - 1860).
[Alle familienbezogenen Daten und Namen mit freundlicher Unterstützung Dr. Leonhard Engels]

[4] Gemeint sind hier insbes. wohl die Schriften Emmanuel Swedenborgs und des steiermärkischen Jakob Lorber, der - von 1840 bis zu seinem Tode 1864 - als "Schreibknecht" einer sich als Jesus

Christus ausgebenden Quelle fungierte und, in dieser Zeit, ein äußerst umfangreiches Gesamtwerk von etwa 20.000 Manuskriptseiten schuf.

[5]   Vgl. Matthäus 7 : 7; Lukas 11 : 9.

[6]   Gemeint ist Carls Vater - aus der Sicht seines Sohnes.

[7]   Bislang konnte ich zur Person des Thieme nichts Genaueres in Erfahrung bringen...

[8]   Damit gemeint ist das Schloss Greifenburg in Kärnten, Österreich. Jakob Lorber weilte von 1844-46 dort, um seinen beiden Brüdern, bzgl. geschäftlicher Obliegenheiten, zu helfen.

[9]   Jesus prangerte eine solche Haltung an -> vgl. Lukas 18 : 9 - 14; Matthäus 23 : 12.

[10]   D.h. dem hellhörenden Sohn Leopold channele, kanalisiere.

Anm. zu Kapitel 2:

[1]   Zuallermeist wird das Jenseits ohne eine sonnenähnliche Lichtquelle beschrieben, d.h. eher von einem allgegenwärtigen Licht durchdrungen, das noch den hellsten, schönsten Schein unseres Tagesgestirns übertrifft.

Wundervoll poetisch beschreibt dies Rebecca R. Springer in ihrem Buch "Jenseits der himmlischen Pforten", ausgangs des 9. Kapitels:

"Mehr als einmal wurde mir die Frage gestellt: 'Gibt es dort eine Nacht?'

Ganz eindeutig: Nein!
Was wir, ermangels eines besseren Ausdrucks, als 'Tag' bezeichnen, ist voll des herrlichen Glanzes, ein rosarot-goldenes, alles erhellendes Licht. Keine menschenbekannte Sprache kann diese wunderbare Herrlichkeit beschreiben. Sie überflutet den Himmel; sie wird von den Wassern eingefangen und reflektiert; sie erfüllt den ganzen Himmel mit Freude und alle Herzen mit Gesang.

Nach einer Zeit, die länger dauert als unser längster Tag auf Erden [zu Mittsommer], verebbt diese Herrlichkeit und schwächt sich allmählich ab, bis sie zu einem leuchtenden, friedvollen Zwielicht wird. Die Kinder beenden ihr Spiel unter den Bäumen, die kleinen Vögel kuscheln sich in die Weinzweige - und wer, während des Tages, auf verschiedene Weise beschäftigt war, sucht Stille und Ruhe.

Doch Dunkelheit gibt es nicht, nicht einmal dämmrige Schatten - nur ein beruhigendes Abmildern der Herrlichkeit."

[2] Vgl. Kolosser 1 : 15.

[3] Vgl. Johannes 1 : 1 - 3; Sprüche Salomons 8 : 22, 30.

[4] Eingeborener Sohn resp. einziggezeugter Sohn -> Johannes (Evangelium) 1 : 14; 3 : 16, 18; 1. Johannesbrief 4 : 9.

[5] Vgl. Matthäus 6 : 10.

[6] Talent = Eine antike Währungs- und Gewichtseinheit. Entspricht 25,8 Kilogramm Edelmetall (zumeist Silber) zu 60 Minen, bzw. 6000 Denaren/Drachmen. Das deutsche "Pfund" bezieht sich, gewichtstechnisch, auf die Mine (25,8 kg / 60 = 430 g).

[7] Vgl. Matthäus 25 : 14 - 30.

[8] Vgl. den nachtodlichen Bericht vom Vater Gerda Johsts in ihrem Buch "Ein Fenster zum Kosmos", Kapitel: "Brief meines Vaters aus dem Jenseits".
Im Tenor auch permanent enthalten in Beatrice Brunners Durchgaben an die "Geistige Loge Zürich" - niedergelegt in mannigfaltigen Büchern, Schriften und Tonquellen.

Anm. zu Kapitel 3:

[1] Interessant ist hierbei der "Rollentausch" - auf Erden war Carl-Dietrich Engel der gefeierte, erfolgreiche Musiker; Thieme nur der

unbedeutende, eher arm lebende Musikus. Nun ist letzterer der Lehrer und ersterer der Schüler...

[2]   Vgl. Offenbarung 19 : 16; Matthäus 28 : 18.

[3]   Gemeint sind hier offensichtlich, nebst der biblischen Offenbarung, besonders die schon einmal erwähnten sogenannten "Neuoffenbarungen" (Swedenborgs und Lorbers); vgl. Anm. [4] zum Kapitel 1 dieses Büchleins: "Zu Gast in fremdem Lande".

[4]   Vgl. Lukas 12 : 48b.

[5]   Vgl. Matthäus 6 : 1, 2, 5.

[6]   Ähnliches berichtete Bruder Amo in dem Buch "Die Geschichte des Eremiten" bezüglich seiner Bemühungen, an der Stätte des Meisters Zacharias, die jene umgebenden Gipfel oder Felsgrate zu erreichen (vgl. das dortige Kapitel 9: "Erste Zeit; und ein besonderes 'Museum'").

[7]   Vgl. das Buch von Anthony Borgia: "Das Leben in der unsichtbaren Welt"; Teil I, Kapitel 4: "Haus der Erholung", sowie Herbert Engels "Der Sphärenwanderer", Kapitel 57: "Eine Stadterkundung" u.a.m.

[8]   Vgl. Kolosser 1 : 15.

[9]   Wieder dürften hier die Neu-Offenbarungsschriften Jakob Lorbers im Besonderen gemeint sein (vgl. auch die Anm. [4] zum Kapitel 1, sowie [3] zum Kapitel 3.

[10]   Der Gedenkname Gottes, "Yahweh"/"Jahwe" oder auch "Jehova(h)" - von Ihm zum ersten Mal erhellt in 2. Mose 3 : 15 -, ergibt sich aus den hebräischen Konsonanten des Tetragrammatons J(Y)-h-w(v)-h (יהוה).

[11]   Vgl. 5. Mose 6 : 4, 5.

[12]   Vgl. 3. Mose 19 : 18b.

[13] Vgl. Markus 12 : 28 - 31.

[14] Vgl. Matthäus 22 : 40.

[15] In der Summe nachzulesen in den vergleichbaren Texten der synoptischen Evangelien Matthäus 22 : 35 - 40; Markus 12 : 28 - 34; Lukas 10 : 25 - 28.

[16] Lukas 11 : 5 - 13.

[17] Die Kernaussage findet sich insges. besehen in: Matthäus 7 : 7, 8 und 21 : 22; Markus 11 : 24; Lukas 11 : 9, 10; Johannes 16 : 23b, 24 - plus jeweils dem dazugehörenden Kontext.

Anm. zu Kapitel 4:

[1] Die Erlangung der völligen Gotteskindschaft in/auf der besonderen "Seelenpflanzschule" / "Lebenshochschule Erde", ist ganz explizit ein Thema der Neuoffenbarungsschriften Jakob Lorbers (vgl. "Die Geistige Sonne", Band 2; "Großes Evangelium Johannes'", Band 2 und 6; auch "Die Grundfragen des Lebens" von Dr. Walter Lutz, VII/29).

[2] Vgl. z.B. den Bericht im Buche Herbert Engels "Der Sphärenwanderer", Kapitel 51: "Unterredung in einer Kongresshalle".

Anm. zu Kapitel 5:

[1] Vgl. Matthäus 6 : 7.

[2] Vgl. Matthäus 20 : 1 - 16.

[3] Vgl. Matthäus 6 : 5.

[4] Vgl. Matthäus 6 : 19 - 21.

[5]   Im Matthäusevangelium finden wir im Kapitel 25, Verse 14 bis 30 das Gleichnis mit der Gewichtseinheit "Talent" (vgl. dazu auch Anm. [6] zum Kap. 2); Lukas (19 : 12 - 27) verwendet im Paralleltext der Schilderung des Gleichnisses die Währungseinheit der griechischen Mine, also 1/60 Talent, entsprechend zwischen 100 und 144 griech. Drachmen oder römischen Denaren (d.h. zwischen etwa 12,5 bis 18 Unzen Silber).
Eine Mine entspräche demnach, gemessen an der heutigen Kaufkraft (im Jahre 2024), ungefähr 2.500 €.

[6]   Bei der beinahe penetranten Wiederholung und Bekräftigung von Arbeit, Arbeit und immer wieder Arbeit, muss hinzugefügt werden, dass es hier unmöglich darum gehen kann, z.B., den Glauben, Meditation und Kontemplation vs. Tätigkeit zu setzen!
Es ist keine Frage des entweder/oder, sondern des sowohl/als auch (vgl. explizit Jakobus 2 : 14 – 22)..!
Gewiss hat ein "hohler Glaube" ohne Werke kein Fundament, ist sozusagen kraftlos und tot – ein lebendiger Glaube erweist sich durch seine Bereitschaft für ihn aktiv zu werden.

[7]   Vgl. Matthäus 13 : 24 - 30 und 36 - 43.

[8]   Die Niederschrift entstand 1921 - gemeint ist also die Folgezeit (in Deutschland der instabilen "Weimarer Republik" und dem Aufstreben der NSDAP, bzw. der späteren Hitler-Diktatur).

[9]   Vgl. im Buche Herbert Engels (des Sohns, resp. Enkels der Autoren) "Der Sphärenwanderer", im Kapitel 70: "Urvorgänge", folgende Passage:

»Auf eine gezielte Frage an Hèreiam, betreffend die Möglichkeit des Verbleibens in den Jenseitssphären, erhielt ich zur Antwort:

"Dauernd kann nur jener dort existieren, der nicht in den Kardinalfehler von 'einstmals', das heißt seiner individuellen Urexistenz, zurückfällt! Der **Irrtum der ungezügelten Wunscherfüllung**, durch das im leibfreien Zustand wirksame Imaginationsvermögen, darf nicht mehr begangen werden! Geschieht dies dennoch, so greift das, durch den Ersterschaffenen *[d.h. das*

WORT, auf Erden Jesus/Yeshua genannt] eingesetzte, Universalgesetz des Zwanges zur Urkraft zurückzukehren, mit seiner Wirkung ein. Die undisziplinierte Seele verfällt dann in einen Erschöpfungsschlaf - und früher oder später träumt ein Embryo, in einem irdischen Mutterleib, einem neuen Erdenkursus entgegen."«

[10]   Vgl. den Bericht, bzw. die Geschichte in 1. Mose 6 : 1, 2, 4.

[11]   Zitat aus Johann Wolfgang von Goethes Werk Faust (**Faust 1**, Vers 1112 - 1117; "Vor dem Tor"). Wir erinnern uns, dass Carl-Dietrich Engel ein versierter Faust-Kenner war...

[12]   Carl-Dietrich Engel spricht hier (wieder) seinen Sohn Leopold im Speziellen an; die Adressaten der Kundgabe wechseln des Öfteren zwischen dem Skribenten und einer allgemeinen, interessierten Leserschaft (möglicherweise auch der erweiterten, noch auf der Erde lebenden, übrigen Verwandtschaft im Besonderen).

[13]   D.h. die satanische Widerkraft.

[14]   Siehe auch den Bericht Herbert Engels in seinem Buch "Der Sphärenwanderer", Kap. 1: "Ende und neuer Anfang".

[15]   Vgl. Lukas 2 : 14.

[16]   D.h. Bücher betreffend Goethes "Faust".

[17]   Siehe auch im Buche Bruder/Meister Amos, erstmals herausgegeben durch Felix Schmidt, "Die Geschichte des Eremiten", im Kapitel 19: "Die Meisterschaft wird erreicht", dessen Belehrung über etwas, das an die Korrelation zwischen besagtem "Sollen" und "Wollen" auffällig erinnert. Ich zitiere kurz:

»Sehr interessant waren die inneren Zusammenhänge in der Daseinssphäre des "Soll", das heißt auf dem weiten Gebiet humaner Moral, als Stützgerüst für die seelische Entwicklung und geistige Entfaltung der menschlichen Individualität, im Befreiungsprozess aus der Welt des "Muss" [2], der gerichteten Erscheinungswelt. Das oberste Gesetz des "Soll" gilt auch für das "Muss": Niemals eine sich entwickelnde Seele (und somit sich entfaltende Geistindividualität) zu zwingen...«

[18]   Der Aufruf zur "Großen Umkehr" (konsequent vom bösen, auf den guten - göttlichen - Weg zu gelangen) war auch ein oft gegebener Hinweis Bruno Grönings (1906 - 1959), des großen deutschen Heilers und spirituellen Lehrmeisters mit göttlichem Auftrag.

Anm. zu Kapitel 6:

[1]   Bruno Gröning (1906 - 1959), der große deutsche Heiler und spirituelle Lehrmeister im Auftrage Gottes, sagte hierzu gerne: "Wie der Wille, so der Gedanke; der Gedanke bewegt den Menschen zur Tat."
Kurz gesagt, ist somit der kausale Weg von einer vom Menschen gesetzten Ursache zur Wirkung: **1.** Wille / Wollen; **2.** Gedanke / Planung; **3.** Umsetzung / Ausführung / Tat.

[2]   D.h. des irdischen Empfängers der Jenseitsnachricht - Leopold Engels - Mutter. Leopold Engel wird im Verlaufe des weiteren Berichtes von seinem Vater noch mehrmals persönlich angesprochen, wenn er sich ansonsten ja einem erweiterten Leserkreis zuwendet.

[3]   Es könnte hier sowohl die norddeutsche Tiefebene mit ihren charakteristischen Gehöften gemeint sein, als auch Skandinavien (dass Leopold Engel u.a. Norwegen bereist hatte, erwähnte Carl-Dietrich schon im Kapitel 2: "Wanderung und Einkehr").

[4]   Vgl. Matthäus 26 : 41; Markus 14 : 38.

[5]   Vgl. Matthäus 25 : 29; Markus 4 : 25; Lukas 19 : 26.

[6]   Vgl. Matthäus 6 : 19 – 21; Lukas 12 : 33, 34; 1. Timotheus 6 : 6 – 10.

[7]   Vgl. Matthäus 28 : 18.

[8]   Vgl. Sprüche 8 : 31b.

Darüber hinaus: Den Satzaufbau habe ich, entsprechend der Abkehr vom Dreifaltigkeits-Dogma, leicht verändert arrangiert.

[9] In Bezugnahme auf den Begriff des in "Himmlischer Ehe von Gott zugeteilten gegengeschlechtlichen Prinzips" möchte ich gerne die Anmerkung [13] zum Kapitel 63 ("Stätte des Hochmuts") aus dem Buche Herbert H. G. Engels "Der Sphärenwanderer" fast vollumfänglich einfügen (statt nur darauf zu verweisen), weil diese Fingerzeige, betreffs des Verständnisses, recht hilfreich sein könnten:

Skizziert werden dort vier hierzu kursierende Annahmen, von denen allerdings, an dieser Stelle, nur die ersten drei von Belang sind:

1. Dualseelen (Zwillingsseelen, "Zweites Ich") - Teilung

Der Glaube, dass Gott alle Seelen als Einheit schuf, um sie sodann in einen weiblichen und einen männlichen Teil zu scheiden, welche sich, bedingt durch ihre Trennung nach dem Sturz der Geister, die Zeiten hindurch, unentwegt suchen, um sich, nach genügender Reifung und Entwicklung, wieder zu finden und zu vereinen.

2. Dualseelen - Bestimmung

Zwei getrennt erschaffene Seelen werden von Gott, als zupassendste und beglückendste Verbindung, von Anbeginn der Schöpfung an, füreinander bestimmt. So sie die Trennung voneinander, durch den Sturz der Geister, erlebten, geht ihr natürliches Bestreben dahin, sich wieder zu finden und zu vereinen.

Für Punkt 1. und 2., die "Himmlische Ehe", gemeinsam gilt: Wie bei zwei Magneten, wird die Anziehungskraft zueinander an Intensität zunehmen, umso näher sie sich kommen.

3. Seelengefährten - Zuführung

Zwei Seelen werden, in den lichten Jenseitsbereichen, im Verlaufe der Zeit ihrer Entwicklung, einander als beglückendste und zupassendste Seelenergänzung von den Engeln Gottes zugeführt (wobei sich dieses "Zuführen" hinter dem Schleier "zufälligen" Erlebens verstecken kann und oft wohl auch wird). Dies könnte man sozusagen als eine "im Himmel geschlossene Ehe" bezeichnen.

4. (...)

Besonders bzgl. Variante 1., ggf. auch zu 2. und 3.:
Als vollendetes Dual / entwickelte Seele können sie in einer
(Gesamt)-Erscheinung auftreten, welche den Engeln ähnlich ist, die
sich uns Menschen i.d.R. übergeschlechtlich, aber auch - wahlweise -
männlich oder weiblich, zeigen können (vgl. auch Matthäus 22 : 23 -
32; Markus 12 : 18 - 27 und Lukas 20 : 27 - 38).

[10]   Die Technik reproduzierbarer Fotografie stand ab den 1840er
Jahren zur Verfügung.

[11]   D.h. weiter o.g. "Kreis", "Umfeld", "Sphäre" oder "Ebene". In
diesem Falle meint der "Ring" (resp. "Kreis" oder "Umfeld") wohl eher
die *Teil*-Region einer Gesamtsphäre.

Anm. zu Kapitel 7:

[1]   D.h. miteinander völlig übereinstimmend, deckungsgleich.

[2]   D.h. ein Planet außerhalb unseres Sonnensystems;
möglicherweise auch außerhalb unserer Galaxie. Allerdings war das
Wissen, dass es, neben der Milchstraße, noch milliardenfach weitere
Galaxien gibt, ausgangs des 1. Weltkrieges, noch nicht vorhanden.
Dies änderte sich, mit der diesbezüglichen Entdeckung Edwin
Hubbles, erst 1923 (publiziert 1925) ff.

[3]   Vgl. die Anm. [1] zum Kapitel 4: "Im Angesicht des Herrn".
Des Weiteren wird, z.B. auch im Buche Bruder/Meister Amos: "Die
Geschichte des Eremiten", bzgl. des Verhältnisses Amo/Zacharias,
sowie Amo/Pija von einem entsprechenden nichtirdischen Vorleben
berichtet.
Es kann sich hierbei sowohl um fest-, als auch feinstoffliche
Himmelskörper/Planeten handeln.

Anm. zu Kapitel 8:

[1]   Dies erlesen wir reichlich in den Büchern Robert James Lees': "Reise in die Unsterblichkeit", und zwar in allen drei Bänden ("Das Leben jenseits der Nebelwand", "Das Elysische Leben", "Vor dem Himmelstor"); in Joy Snells "Der Dienst helfender Engel", in Anthony Borgias Büchern "Das Leben in der unsichtbaren Welt", "Begegnungen in der unsichtbaren Welt", in Helen Greaves "Zeugnis des Lichts", dem, von Jane Sherwood aufgezeichneten, "Tagebuch von drüben" u.v.a.m.
Dass Seelen, auf ihrem Wege, unter Protektion stehen, ist so allgemeingültig, dass es schwerfällt, hier einzelne Werke gesondert herauszustellen.

[2]   Auf die Nennung der im Original erwähnten genauen Zahlen habe ich verzichtet, weil sie gegenüber heute ohnehin nicht mehr aktuell sind. Im Jahre 2024 starben etwa 60 Mio. Menschen weltweit, d.h. etwa 2 Menschen pro Sekunde.

[3]   Die letzten drei Worte von mir hinzugefügt, da - wie zuvor schon einmal erwähnt - das Wissen um die Galaxien, über unsere Milchstraße hinaus, erst Jahre nach der Kundgabe Carl-Dietrich Engels an seinen Sohn Leopold zur Verfügung stand.

[4]   Gemeint sind hier wohl zu Elementarwesen verbundene vorherige höhere Tierseelen, die sich auf einen erstmaligen Erdenkursus als Menschen vorbereiten -> vgl. Herbert Engels Buch "Der Sphärenwanderer", Kapitel 75: "Geheimnisvolles Feenland".

[5]   Siehe hierzu auch den ganz ähnlich klingenden Vergleich Iréams gegenüber Herbert Engel in seinem Buch "Der Sphärenwanderer", Kapitel 71: "Über Tod und Jenseits".

[6]   Vgl. die Anm. [1] zu diesem Kapitel. Die benannte "eigene Sphäre" kann sich dort im Besitzen eines Hauses, eines eigenen Ruheortes, einer eigenen Wirkungsstätte usw. erweisen.

[7]   D.h. von beschmutzenden, belastenden Schlacken gereinigt/befreit zu werden.

[8]   Von solchen "Sanatorien", "Häusern der Genesung" oder wie immer solche Einrichtungen "drüben" benannt werden mögen, ist z.B. ausführlich berichtet in den Büchern "Tagebuch von drüben" (Jane Sherwood); "Das Leben jenseits der Nebelwand", Kapitel 5 und 11, d.h. die "Ruheheime Cushnas und Siamedes'" (Robert James Lees); "Das Leben in der unsichtbaren Welt", I/4 (Anthony Borgia). Von Herbert Engel wird in seinem Werk "Der Sphärenwanderer" in den Kapiteln 49, 57 und 59 ausdrücklich die Existenz von jenseitigen "Krankenhäusern" etc. erwähnt. Chico Xavier beschreibt in seinem Buch "Nosso Lar" ("Unser Heim") jene besonders zentral und ausführlich. U.v.a.m.

[9]   Vgl. Herbert Engels Buch "Der Sphärenwanderer"; explizit in den Kapiteln 28: "'Krieg' in den Sphären der Läuterung" und die Dunkelweltberichte der Kapitel 31: "Ernte der Rache" und 39: "Pilgerin auf schwerem Pfad".
Im Buch "Geigele" von Felix Schmidt finden wir einen ähnlichen Bericht im Kapitel 11: "Im Bereich des Höllischen".
Dies werden gewiss nicht die einzigen Schilderungen solch jenseitiger Vorgänge sein, die der einschlägigen Literatur, via Erfahrungsberichte, zu Gebote stehen - aber es mag mit diesen selektiven Beispielen genug sein.

[10]   Vgl., z.B., Herbert Engels Buch "Der Sphärenwanderer" -> die Dunkelweltberichte der Kapitel 31: "Ernte der Rache" und 39: "Pilgerin auf schwerem Pfad".

[11]   "Geigele" von Felix Schmidt, Kapitel 15: "Ein Blick ins höllische Flammenmeer"; "Das Licht der Liebe" von Patricia Devlin, Teil III, Kapitel 2: "Fegefeuer: Eine Reise in das Reich der Toten"; Anthony Borgia: "Das Leben in der unsichtbaren Welt", I/9: "Die dunklen Sphären" und II/6: "Die untersten Regionen".

[12]   D.h. der 1. Weltkrieg von 1914 bis 1918, welcher im berichteten Zeitraum noch tobte. Die abschließende Kundgabe wurde dann 1921 übermittelt.

[13] Man denke nur an den Jahre währenden Stellungskrieg entlang der Westfront in Nordfrankreich; das barbarische Kämpfen und lausige Sterben in den Schützengräben, den erstmaligen Einsatz von Giftgas usw. usf.

[14] Vgl., z.B., den Bericht Thomas Edward Lawrences im "Tagebuch von drüben", aufgezeichnet durch Jane Sherwood.

[15] Vgl. Offenbarung 14 : 13b.

Anm. zu Kapitel 9:

[1] Carl-Dietrich Engel wendet sich in seiner Kundgabe zumeist an ein allgemeines Publikum, welches er zu erreichen trachtet; zuweilen aber auch mehr an seine auf Erden zurückgebliebenen Verwandten oder, wie zuvor schon einmal erwähnt, auch explizit an seinen Sohn Leopold, mit dessen Hilfe er den Bericht an seine irdischen Adressaten durchgibt.

[2] Der in Klammern gesetzte Passus wurde von mir, zum besseren Verständnis des wohl gemeinten, hinzugefügt.
Gerade in Bezug auf die christliche Religion lesen wir betreffend der Re-Inkarnation einer Seele auf die Erde folgendes:
Im Buch Gerda Johsts "Das ungeschliffene Juwel" heißt es im Kapitel "Die jenseitige Welt - Reinkarnation oder ewige Seligkeit?": "Jesus hat erreicht, dass nur jene Menschenseelen, die zu labil sind, die zu wenig Konsistenz haben, um den Strahlungen des Kosmos gewachsen zu sein, nochmals - zu ihrer Stabilisierung - auf die Erde zurück-gesandt werden müssen."
Gerda Johsts Schutzengel Benedicta bestätigt, in ihrem nächsten Buch "Im Sternenglanz der Ewigkeit", im Kapitel "Reinkarnation", diese schlüssige Aussage mit der Feststellung, dass "Jesus die stärkste Kraft **gegen** die Reinkarnation sei, (...) weil wir Engel auf Erden viel weniger Möglichkeiten haben, auf euch [Menschen] erzieherisch einzuwirken, als in den höheren Sphären. (...)
Die Wiedergeburt soll auf das geringste Maß beschränkt werden."

Vgl. hierzu auch die Anmerkung [8] zum Kapitel 55: "Der goldene Korb" im Buche Herbert Engels "Der Sphärenwanderer".

[3]   Die Bezeichnung ist eine Frage des Blickwinkels: Unser Diesseits ist der Jenseitigen Jenseits; unser Jenseits der Jenseitigen Diesseits.

[4]   Der Verweis auf einen höheren Lebenszweck ist der wunderbare Tenor vieler Nah-Tod-Erfahrungen. Der Mehrzahl der Nah-Toten, die "drüben" einem Lichtwesen begegneten und nicht mehr in ihren malträtierten physischen Körper zurückwollten, wurde dieses verständliche Begehr mit dem Hinweis verwehrt "auf der Erde noch eine Aufgabe erfüllen zu müssen". Das sollte, und darf, besonders all jenen ein Ansporn sein, die vermeinen ein sinnloses Dasein zu fristen..!

[5]   Z.B auch ausdrücklich erwähnt im (seit der 2. Auflage angefügten) Nachspann zum Kapitel 41 [8>]: "Eine jenseitige Diskussionsrunde", des Buches "Der Sphärenwanderer" von Herbert Engel.

[6]   Im Verlaufe der Kirchengeschichte wurde aus dem Ebenbild Gottes, dem Anfang Seines Weges, dem Erstgeborenen aller Schöpfung (vgl. Sprüche Salomons 8 : 22; Kolosser 1 : 15) zunehmend das Mysterium eines Gott wesensgleichen (d.h. identischen, *homousios*) Teils einer Zweieinigkeit; später, unter Einbeziehung des Heiligen Geistes, einer Trinität.
Dieses Dreifaltigkeitsdogma wurde unter Kaiser Konstantin im Konzil von Nicäa, 325 n. Chr., unter federführender Beitreibung der Bischöfe der Ostkirche (und weitestgehendem Ausschluss, bzw. Nichtbeteiligung, derer des Westens), als verbindlich zu glauben (vorläufig) festgelegt und in den Konzilien von Konstantinopel, 381, sowie insbes. Chalcedon, 451 n. Chr., durch die Kaiser Theodosius I., resp. Markian, nochmals - jetzt allerdings unter Androhung von Konsequenzen bei Zuwiderhandlung - bekräftigt. Zugunsten des athanasischen Glaubensbekenntnisses wurde dem Arianismus, dem auch von Origenes noch vertretenen Verständnis der Urkirche, so der Todesstoß versetzt - zumindest offiziell...

Über diese beinahe esoterisch tönende, heute noch gültige, Kirchendoktrin, welche den christlichen Ein-Gott-Glauben (Monotheismus) an den Rand der Absurdität führte, verfiel im 7. Jahrhundert nach Christus der selbsternannte Prophet Mohammed in das gegenteilige Extrem, nämlich, neben Allah (d.h. Gott), gar keinen Sohn mehr zuzulassen. Er behauptete nun, der über alles erhabene All-Erbarmer habe zur Zeugung eines Sohnes keine Gefährtin und darum auch generell keine Kinder, sondern alle treten vor Ihn nur als Diener (vgl. Koran, Sure 6 : 100 - 102; Sure 19 : 88 - 93).

Nun – dass Gott zur Erschaffung selbstbestimmter Wesen auf eine diese gebärende Frau angewiesen sei, ist eine grauslich-beschränkende Anthropomorphisierung des Höchsten. Doch lassen wir getrost und entspannt die Begrifflichkeiten des Kindes, Sohnes und Vaters (natürlich, im Weiteren, auch Tochter oder Mutter), wegen der waltenden Liebe zwischen Schöpfer und Geschöpf, als vermenschlichende Adaptierung für unser begrenztes Verständnis, zu; bewahren sie uns als gültig, da sie vom Gottes-Sohn auch als solche verwendet wurden.

Zweifellos ist explizit die Erlangung der vollkommenen Gotteskindschaft, bei dies bedingender Zuerkennung des freien Willens jeden Individuums, das Hauptthema einer tragenden Spiritualität!

Durch Jesus wurde uns Gott als Vater enthüllt und die Liebe als das größte Gebot - erwachsend besonders aus jenem Verhältnis eines Kindes Gottes zum Schöpfer und Allvater.

Bezüglich des vorliegenden Buches habe ich immer dann, wenn die "Wesenheit" Gottes und des Herrn (Jesus Christus) zu verwischen drohte, nachgeschärft, resp. die Passage auch entsprechend korrigiert.

Ein renitenter Vertreter der Trinität kann das gerne für sich so zurückverändern, wie es jeweiliger, für ihn gültiger, konfessioneller Doktrin entspricht.

Es sei ihm zum Thema indes wärmstens die Lektüre von Robert Sträuli, "Origenes der Diamantene", empfohlen.

Der unerschütterliche, weise Kirchenvater (~ 184/5 bis 253/4) war ein gestaltgewordenes Plädoyer und ein wackerer Verfechter des verschollen gehenden Urchristentums - bis zum bezeugenden Martyrium. Origenes Adamantios verteidigte viele schon damals unbequem zu werdende spirituelle Wahrheiten und entriss sie (zumindest temporär) messerscharf dem Dunkel einer immer mehr verweltlichenden, verwaschenen Massenbewegung Christenheit.

In Zeiten eines Hubble- und James-Webb-Space-Teleskopes kann sich jeder die schier unauslotbare Größe allein des materiellen Kosmos behelfsmäßig ausmalen. 46,3 Milliarden Lichtjahre beträgt der Radius des uns (bisher, d.h. 2024) bekannten feststofflichen Universums mit seinen > 100 Milliarden Galaxien. Der über all diesem (und noch weit, weit mehr) "thronende" Gott ist - ohne Frage - des Menschen abschließendem Verständnis entzogen!
Wie weiter oben schon einmal erwähnt, sind Worthülsen wie "Sohn" Gottes usw. allesamt an des Menschen arg begrenzte geistige Kapazität angepasst und für unser Vorstellungsvermögen adaptiert. Das ist auch vollkommen okay so und für unser Erdenleben absolut ausreichend, solange wir uns unser aller schrecklicher Unzulänglichkeit bewusst bleiben und nicht, im Gefolge religiöser Intoleranz, andere verurteilen.

Vgl. zu diesem Betreff insgesamt auch die Anm. [1] zum Kapitel 16: "Ausbildung, Examina und der 'Innere Zirkel'", im Buche Bruder Amos: "Die Geschichte des Eremiten".

Zur unbestrittenen Gottheit Christi möchte ich auch noch die Bezeichnung der "Sterngötter" beisteuern - wie jene, in den Büchern Gerda Johsts, geoffenbart worden sind.
Zweifelsohne existiert in unserem gigantischen Kosmos eine sozusagen himmlische Hierarchie – was nur allzugut verständlich, logisch und nachvollziehbar ist – ohne die Majestät des Höchsten mit dieser Annahme zu verletzen.

Biblischerseits erinnere ich, beispielsweise, an den Bericht in Johannes 10 : 31 - 36:
Die Juden hoben Steine auf, um Jesus hinzurichten. Sie warfen ihm vor, dass er sich selbst, als Mensch, zu (einem) Gott machte, indem er sich zum Sohn Jahwes erklärte.
Seine vortreffliche Antwort bezog sich auf Psalm 82 : 1 und 6.

An anderer Stelle (Johannes 8 : 31 - 59) warfen ihm die Juden (und wohl besonders die Schriftgelehrten, Sadduzäer und Pharisäer) vor, sich anzumaßen sie zu belehren, obwohl er noch keine fünfzig Jahre alt sei.

Jesus indes antwortete unbeeindruckt: "Ehe Abraham ins Dasein kam, bin ich gewesen!" (Vers 58)

Abgesehen davon, dass jene ganze Passage sich auch ausgezeichnet dafür eignet, das Verhältnis des Sohnes zum Vater umfassend zu beleuchten, enthüllt Jesus den Streitbaren, dass er, obwohl erst etwas über dreißig (Erden-)Jahre alt, schon lange vor Abrahams Betreten des Erdenglobus existierte - denn er kam als ein Gott (nicht **der** GOTT) von "Oben" und würde wieder dorthin zurückkehren (Johannes 3 : 1 - 17 [die "Nikodemus-Geschichte"], bes. Vers 13); er sprach als "Insider" von himmlischen Dingen (Vers 11 und 12).

Für alle, die schon mal in die Fänge der Esoterik geraten sind:
Jesus ist kein "aufgestiegener Meister", sondern **herab**gestiegener Meister/Gott!

Seine Göttlichkeit bezeugte er auch in der Aufforderung an die Juden, die ein Zeichen von ihm forderten, indem er ihnen entgegnete: "Reißt diesen Tempel nieder (er meinte damit seinen physischen Leib) und in drei Tagen will **ich** ihn (d.h. selbstmächtig!) wieder aufrichten." (Vgl. Johannes 2 : 18 - 22 -> später auch Matthäus 26 : 61; 27 : 40; Markus 14 : 58)

Weiters denke man nur an die dem Gottessohn übertragene Vollmacht ("Prokura") während seines Dienstes auf Erden Sünden zu vergeben (vgl. z.B. Matthäus 9 : 1 – 8; Markus 2 : 1 – 12; Lukas 5 : 17 - 26). Jesus sah hierbei den **gesamten** Lauf der Seele (nicht nur ihr momentanes Erdenleben). Manchmal wurden Krankenheilungen erst daraufhin möglich...

Nun - die Sachlage ist *so* umfassend dokumentiert, dass es fast stümperhaft wirkt, sie durch Zitate einzelner Passagen zu belegen - man könnte, ja müsste, ein Buch darüber schreiben, wollte man ihr auch nur ansatzweise gerecht werden..!

[7]   D.h. Jesus/Yeshua, der alle Dinge heilt; wieder heil macht, was "aus den Fugen geraten", resp. zerstört/zerbrochen war...

Übrigens: Der Name Jesus/Yeshua bedeutet Jahwe/Yehovah ist Rettung! (Vgl. auch Jesaja 61 : 1, 2 -> Lukas 4 : 16 - 21)

[8]   Vgl. Johannes 1 : 1, 2, 14.

[9]   Vgl. Johannes 1 : 3; Sprüche 8 : 22 - 31 (bes. 30 -> "Der Werkmeister Gottes").

Der Überarbeiter

Uwe Laubach wurde am 25. Dezember 1961 in Altmorschen an der Fulda geboren. Sein stetes Streben ist eine liebende Gottverbundenheit in der Nachfolge Jesu Christi.

ER ist der Weg (zu Gott), die Wahrheit und das Leben...

Kontaktinformation

Uwe Laubach; Bearbeiter und Herausgeber

E-Mail: uwe-laubach@web.de

Herbert H. G. Engel

Der Sphärenwanderer

Reisen, Begegnungen und Offenbarungen

in anderen Dimensionen

**Umfassend verbesserte und
wesentlich erweiterte Auflage**

Erlebnisse und Begegnungen
in unbekannten Jenseitswelten

Im Sommer des Jahres 1945, kurz nach Beendigung des 2. Weltkrieges, wurde dem Autor, als einem heimkehrenden deutschen Soldaten - fernab von den fast allgegenwärtigen Trümmerstätten jener Zeit -, eine große Vision zuteil, welche seine quälenden Fragen nach dem Erden- und Menschenschicksal mit einem Schlag beantwortete.

In der Folge durfte Herbert Engel wunderbare Erfahrungen sammeln, die er im **Ersten Teil** des Buches, des wahren Lebensberichtes eines Suchers nach Weltenerkenntnis, per farbiger Schilderungen der verschiedensten astralen Landschaften, dem Leser authentisch beschreibt. Immer öfter geschah es nämlich nun, dass er, meist zu nachtschlafender Zeit, bei vollem und klarem Bewusstsein, aus seinem Körper geholt und von Botschaftern und Geistführern aus erhabenen Welten durch diverse Schattierungen der jenseitigen Sphären geleitet wurde. Im Kontakt mit unzähligen Jenseitsbewohnern erfuhr er alles über das neue Leben der Abgeschiedenen und ihre unermüdliche Arbeit zu seelisch-geistiger Entwicklung.

Im **Zweiten Teil** des Buches lassen uns seine transzendenten Mentoren, aus einem Universum des Lichts und der Liebe, an den großen Geheimnissen des kosmischen Wirkens teilhaben.

Ergänzt wird sein Werk, in dieser Neufassung, durch einen Nachspann, der dem forschenden Leser viele nützliche Querverweise und interessante Hinweise zum Text, in kurz gefassten Anmerkungen des Überarbeiters/Co-Autoren, liefert.

504 Seiten

Joy Snell

Der Dienst
helfender Engel

Erlebnisse einer Pflegeschwester

an Kranken- und Sterbebetten

Neu übersetzt und umfassend bearbeitet

Erlebnisse einer, mit dem Charisma der Hellsicht beschenkten, Krankenschwester

Joé (Joy) Snell wirkte im ausgehenden 19. Jahrhundert in London als Krankenschwester, später als private Pflegekraft.

Die, zu Zeiten des britischen Empire, um 1860/65 in Indien geborene, in Nordirland aufgewachsene und in England tätige, Autorin war, dank besonderer, ihr verliehener Begnadung, zur außersinnlichen Wahrnehmung befähigt, durfte und konnte Dinge schauen, die, für gewöhnlich, Menschen verborgen bleiben.

In stetig wachsendem Maße ihrer seelischen Reifung steigerte sich dies bis hin zur Begegnung mit Jenseitigen, die sie für sich in der Regel "Engel" nannte, sowie zu Reisen in astrale Gefilde, in welche sie zumeist von ihrem weiblichen Schutzgeist mitgenommen wurde. Dadurch erlebte sie, aus eigenem Augenschein, dass Hilfeleistungen "von drüben" nicht nur diesseits "der Schwelle" gewährt werden, sondern im Jenseits ihre benötigte Fortsetzung, zur Entwicklung der Seelen, finden.

Ein spirituelles Vermächtnis wahren Wissens; gesammelt durch persönliche **Erfahrungen** - weitergegeben durch eine jahrzehntelang im Pflegebereich arbeitende, leidgewohnte Frau mit entsprechend spezieller Beobachtungs- und Einfühlungsgabe im selbstlosen Dienst am Nächsten.

Ergänzt wird ihr Werk durch einen Anhang, der dem nachforschenden Leser diverse nützlich-informative und interessante Hinweise zum Text, in kurz gefassten Anmerkungen des Übersetzers/Bearbeiters, liefert.

Ein Buch, das in keiner Palliativstation, keinem Hospiz fehlen sollte..!

200 Seiten

Bruder Amo & Felix Schmidt

Die Geschichte des Eremiten

Erlebnisse in einer Schule der

"Weißen Bruderschaft" im Himalaya

Umfassend neu überarbeitet

Ein Deutscher in einer Schule der "Weißen Bruderschaft" im Hoch-Himalaya

Nach dem Deutsch-Französischen Krieg, 1870/71, sucht ein junger Gardeoffizier neuen Lebenssinn und Heilung für eine, in einer Schlacht des Krieges erlittene, schwere Verwundung.

So reist er in den folgenden Jahren, über Nordafrika und den Vorderen Orient, bis nach Indien.

Aufgrund der, ihm selbst unbewussten, spirituellen Vorgeschichte seiner Seele, wird er in Kaschmir eingeladen, die, wohl in über 7.000 Meter Höhe zu verortende, Stätte des deutschen "Meisters Zacharias" aufzusuchen, um dort einer langjährigen Ausbildung der "Weißen Bruderschaft" beizutreten.

In dieser Zeit erlebt Bruder Amo drei Begegnungen mit seinem "Zweiten Ich", seiner "Himmlischen Ehefrau" oder Dualseele, in einem (bzw. in der Nähe eines, im Karakorum-Gebirge gelegenen) Frauenkloster.

Nach Erringung der Meisterschaft, der "Geistigen Wiedergeburt", wird Bruder Amo, gegen Ende seines Lebens, im Bundesstaat Montana (USA) sesshaft und eröffnet, in der Zeit des in Europa tobenden 2. Weltkrieges, seine Geschichte den deutsch-stämmigen Kreisen in seinem neuen Heimatland.

Ergänzt wird sein Bericht durch einen Anhang, der dem nachforschenden Leser diverse nützliche und informative Hinweise zum Text, in kurz gefassten Anmerkungen des Überarbeiters, liefert.

244 Seiten

Der Sphärenwanderer

Auszugsweise herausgegriffen:

Kapitel 4 und 5

4 - Das Haus im Wald

Nur wenige Tage danach befand ich mich plötzlich in einer taghellen Gegend, obwohl ich mir darüber sicher war, am späten Abend, zuhause, ins Bett gegangen zu sein..!

Irgendwie unterschied sich dieser Zustand jedoch von der gewohnten Tagespräsenz durch eine etwas verminderte unmittelbare Bewusstheit. Meine späteren kritischen Überlegungen bezüglich dessen, führten dahin, dass ein Mensch, der sich, aus dem Schlaf heraus, unvermittelt in einer völlig fremden Umgebung wiederfände, naheliegenderweise zumindest erschrocken sein müsste - gegebenenfalls sogar in eine Panikstimmung geraten könnte. Mich jedoch störte der Gedanke an meinen Körper, der jetzt im Bett schlief, nicht im Geringsten! Möglich, dass man mir alle Angst und Sorge wegsuggeriert hatte...

Ungeachtet des Umstandes, mich in ganz selbstverständlich erscheinender, unbekümmerter Stimmungslage zu bewegen, kam ich mir seltsam vor - ein wenig, wie an den unsichtbaren Fäden einer Marionette gezogen, was sich, eingangs der Exkursion, als durchaus passabler Vergleich erwies. Erst im weiteren Verlauf klärte sich - zunehmend - mein ganz eigenständiges, waches Interesse am Geschehen.
Dieses, wie eine Einblendung funktionierende, leicht indifferente, eingeschränkte Gewahrsein zu Beginn einer neuen Situation, erinnerte mich an das schon einmal angeführte Erlebnis im Alter von zwölf Jahren, als ich in eine Art Einweihungstempel geleitet wurde und zunächst an einen lebhaften Traum glaubte. [1] Später erst wurde mir deutlich, dass es sich um eine echte Astralwanderung gehandelt hatte.

Während jenes kurzen Rückblicks ging ich, als sei dies einfach folgerichtig und völlig normal, auf einem breiten Weg zwischen einer lichten Waldlandschaft, sowie einem umzäunten Idyll mit blühendem Heidekraut, verstreutem Wacholder und sporadischen Birkeninseln auf sandig-kargem Grund; allein das Vorhandensein einzelner, überdimensionaler "Mammutbaumstümpfe" wirkte etwas ungewöhnlich und befremdlich.

"Wenn ich schon zu einem solchen Erkundungsausflug von irgendeinem maßgeblichen Lehrer - vielleicht sogar dem Schutzgeist - eingeladen worden bin, dann will ich auch wissen, wo ich mich hier befinde!", dachte ich bei mir, obwohl, weit und breit, niemand zu sehen war.

Die Sphäre lag unter einem hochsommerlich, wolkenlos blauen Himmel; dabei aber ohne sichtbares Tagesgestirn. Trotzdem leuchtete alles wie im hellsten Sonnenschein!

Nach einer Laufstrecke von einigen Minuten - so mein subjektives Empfinden - führte rechts ein Fußweg in den zuvor erwähnten Mischwald aus Nadel- und Laubbäumen.
Jene zeigten keine Besonderheiten gegenüber den üblichen, irdischen Exemplaren ihrer Gattung; ebenso war das Unterholz mit spärlichem, hochgewachsenem, feinhalmigem Gras bedeckt, wie man es auch in einem Forst unserer Welt finden könnte.

Ich änderte meine Richtung, bog spontan ab und folgte dem angenehm zu laufenden Pfad schätzungsweise an die hundert Meter, bevor ich, zwischen den hohen Bäumen, auf einer großen Lichtung, ein zweistöckiges Haus stehen sah, welches - im Hintergrund die großen Waldbäume - überaus malerisch anzusehen war.
Auf dieses zuhaltend, führte der Weg, unter einer ausladenden Blütenpracht duftender, roter Kletterrosen

hindurch, die an dutzenden, weiß gestrichenen, Rundeisenbögen emporrankten. Ob dort auch Bienen summten, ist mir nicht mehr erinnerlich...

Nach Durchschreiten des langen Rosengangs, gelangte ich auf einen, dem Haus vorgelagerten, Rasen. Ein Drittel der etwa 10 x 30 Meter messenden Grasfläche konnte zum Wäschetrocknen verwendet werden. Zwischen mehreren Pfosten waren starke Leinen gespannt - aktuell hingen dort zwei Tischtücher, eine Decke, und, soweit ich mich entsinne, auch diverse Kleidungsstücke. Ich blieb stehen und prüfte die trocknenden Teile ausgiebig; rieb die Stoffe zwischen den Fingern und wunderte mich, dass die Textilien genauso aussahen und sich anfühlten, wie ich es vom Leben in der Welt der Materie kannte.

"Unfassbar..!", dachte ich platt, denn ich wusste doch: In diesem Moment lag mein Körper, irdisch betrachtet, im Tiefschlaf - während ich hier unterwegs war!

In unmittelbarer Nähe des Hauses, welches überhaupt von einem reichhaltigen Rosensortiment umgeben war, erblickte ich eine jüngere, dunkelhaarige Frau, die einen Kinderwagen vor sich hin und her schob, wie man es tut, wenn es gilt, einen Säugling in den Schlaf zu wiegen. Als ich die junge Dame erreichte, entbot ich ihr einen höflichen Gruß und fragte, ob sie mir sagen könne, wie diese Gegend heiße.

Die Frau schüttelte den Kopf: "Das Land hier hat keinen be-stimmten Namen – zumindest kenne ich keinen..."

Damit gab ich mich aber nicht zufrieden: "Gibt es nicht eine größere Stadt in der Nähe, an der man sich orientieren kann?"

"Nein, soviel ich weiß... Ich habe noch nie von einer hiesigen Stadt gehört...", war ihr knapper Kommentar.

Ich überschlug gedanklich, wie man wohl am besten zu einer vernünftigen Auskunft kommen könnte und insistierte schließlich etwas plump, was sie denn an diesem Ort tue.

Statt einer verbalen Antwort schaute die Frau, mit ihren tiefgründigen, rehbraunen Augen, auf das Baby im Wagen und dann wieder zu mir. Diese wortlose Geste bedeutete wohl etwa: "Ich versuche mein Kind zu beruhigen und schläfrig zu bekommen - ist das nicht offensichtlich..?!"

Auf die Idee, dass ich, durch meine Absicht ein Gespräch in Gang zu setzen, beziehungsweise eine begehrte Information zu erhalten, ohne das angebrachte Fingerspitzengefühl für ihre Bemühungen aufzubringen, ziemlich rücksichtslos vorging, kam ich zunächst nicht und so beharrte ich: "Diese Gegend **muss** doch aber irgendeine Bezeichnung haben..!"

Daraufhin erwiderte die Frau etwas, das mir noch lange in den Ohren nachklang: "Ich bin insoweit unkundig, tut mir leid - aber es ist das Land der noch sündhaften Menschen."

Diese unerwartete Aufklärung berührte mich mit einer tief-seelisch empfundenen Ambivalenz zwischen Schmerz und Freude.
Ich neigte, schon immer, etwas zur Ironie und hatte, auch gegenüber meinen Vorgesetzten im Verlaufe meiner Militärdienstzeit, hin und wieder Anstoß damit erregt, weil mein inneres Grinsen, über einen, von anderen ernst genommenen, Anlass, zuweilen allzu deutlich, nach außen trat. Hatte ich, ohne es zu wollen, jene unangenehme, in mir schwelende Überheblichkeit gegenüber meiner Gesprächspartnerin entäußert..?

Jedenfalls gewann der Gesichtsausdruck des Fräuleins eine abweisende, scharfe Note, so, als ob ich ihre Geduld endlich

überstrapaziert hätte, wiewohl ich aufrichtig vermeinte, sie, aufgrund ihrer gegebenen Erklärung, freundlich anzusehen.
Es half nichts - unvermittelt bekam ich einen Ruck nach hinten versetzt und, ehe ich mich versah, wurde mit zunehmender Geschwindigkeit, immer rückwärts, durch den Rosengang hindurch, auf das Gelände vor den Hochwald gezogen.

Der nächste Moment brachte eine Abwärtsbewegung - es wurde nachtdunkel um mich. Mit einem erheblichen Stoß erwachte ich - liegend in meinem Bett...

»

Ob, eventuell, mein undiszipliniertes Mienenspiel die Ursache dafür war, dass die junge Frau meiner überdrüssig wurde und mich, durch ihren sicher viel besser geschulten Willen, zurück in die Welt des Materiellen katapultierte?
Zweifelsfrei war ich mir sicher, es nicht nur mit einem lebhaften Traum zu tun gehabt zu haben - die Begleitumstände zeigten mir das deutlich an!

Eine Himmelswelt, das heißt in diesem Falle eher eine Läuterungssphäre, hatte ich auf diese Weise noch nicht erlebt - wodurch mir einige falsche Vorstellungen von jenseits der Materie erfolgreich korrigiert wurden.
Wie das Ganze zustande gekommen war, blieb mir aber noch ein großes Rätsel...

5 - Ein Spaziergang am Strand

Wiederum einige Nächte darauf.

Es wurde mir, bei vollem Ich-Empfinden, bewusst, zusammen mit einem jungen, schulterlang-blondhaarigen, blauäugigen Mann, an einem, unserer materiellen Welt fernen, Meeresstrande entlang zu schlendern...

Die sanft auf den leuchtendgelben Sandstrand hinauf- und zurückflutende schaumig-brausende, kristallklare Brandung verursachte ein gleichmäßiges und beruhigendes Rauschen, wie man es von den Ufern der Meere kennt.
Während unseres Spazierganges, unter einem intensiv blau strahlenden Himmel und vor einer, für irdische Begriffe unwirklich, wie aus sich selbst saphir-funkelnden, bis an den fernen Horizont reichenden Wasserfläche, keimte mir zunehmend der Eindruck auf, dass mein Begleiter, der mir vom Antlitz recht ähnlichsah, in einer lang zurückliegenden Inkarnation, einstmals mein Bruder gewesen sein musste - welches, zeitlich, in die Blüteperiode der Germanenstämme zurücklangte.

Wir unterhielten uns über allerlei.
Den ganzen Inhalt des Gespräches habe ich nicht mehr im Gedächtnis; gewiss jedoch beklagte ich mich über die Schwierigkeiten und üblen Erscheinungen des irdischen Lebens. Er tröstete mich mit dem Hinweis, dass die Zeit auch mich einmal von meinem Erdengang erlösen werde.

Betreffend einiger Dinge, die ich ihm erzählte, konnten wir uns eines gelegentlichen Lachers nicht enthalten - zum Beispiel darüber, was der Durchschnittsmensch, der sich von allen religiösen Inhalten losgesagt hatte, vom Fortleben nach dem Tode hielt oder in welch bunt-divergierenden Vorstellungen sich manche Erdenbürger, im Rahmen der jeweiligen Konfessions-, beziehungsweise Glaubensbindung, ihr Bild vom Himmel ausmalten.

Mehrmals äußerte ich mich dahingehend, wie unbegreiflich es mir sei, dass mein Körper in irdischer Nacht schlafe und ich hier - parallel zu diesem Umstand - mit ihm, in einer wunderschönen Umgebung, an einem Meeresufer, spazierengehen könne.

"Nun, mein Lieber, das ist einfach die Folge Deines Dranges nach Erkenntnis der wahren Lebenszusammenhänge - und dann **kann** es zuweilen geschehen, dass die, den Menschen zu geistiger Entwicklung verhelfenden, Geistesführer und jenseitigen Freunde fördernd eingreifen dürfen."
Ferner erklärte er mir, dass man mich schon lange betreue - was ich ja wüsste - und mich nun häufiger zu Besuchen in Jenseitssphären abholen werde. Ich müsse nur die Gesetz-mäßigkeiten geistiger Lebensweise ein wenig beachten; es wären dabei keine Spannungen zu elementaren irdischen Bedürfnissen zu erwarten.
"In Maßen leben!" - solche prägnanten, kurzen Hinweise gab er mir viele, während wir über den hellen Sandstrand schritten, der, gesäumt von wasserbenetzt-glimmernden Kieseln, durch die ausrollenden, glitzernden Wellenbögen geglättet wurde, welche jene rundgeschliffenen Bröckchen steinernen Treibguts, im Rhythmus der See, an der Grenznaht zwischen den Elementen, angespült hatten und in steter, feiner Bewegung hielten.

Fasziniert schaute ich, zum wiederholten Male, auf den saphirfarbenen Meeresspiegel unter einem Himmel, der nicht matt, wie auf der Erde, sondern wie die gewaltige Kuppel einer einzigen lichtblauen Sonne, über dieser unglaublich schönen Landschaft thronte.

Der Strand war, soweit das Auge reichte, ziemlich breit und wurde, zum Inland hin, von nicht allzu hohen Dünenkämen begrenzt. Hinter den Dünen erspähte ich, in der Ferne, hohe Baumkronen emporragen und die Dächer von Häusern eines anscheinend recht großen Dorfes.

Ich durfte aber nicht mehr dort hineinschauen, denn meine Besuche unterlagen, offensichtlich, einer zeitlichen Limitierung... Es war mir jetzt auch viel wichtiger, mich mit meinem früheren Erdenbruder zu unterhalten, da ich einige Probleme und offene Fragen zu klären hatte.

So erfuhr ich, dass, aus bestimmten Gründen, ganz kleine, auf Erden früh verstorbene Kinder, in eigens dafür vorgesehenen Bereichen großgezogen werden. Er gab mir auch zu wissen, dass erhebliche Unterschiede im Aussehen der jenseitigen Länder, die hier "Sphären" genannt würden, bestehen. Allerdings sei die Ähnlichkeit mit irdischen Zuständen, Lebensweisen und Tätigkeiten, in manchen dieser sphärischen Ebenen, geradezu frappierend. Alles diene der geistigen Vervollkommnung der Menschen und jeder komme dahin, wohin es ihm möglich ist - nur müsse er dies **fest wollen** und so manche seiner falschen Vorstellungen abzulegen bereit sein.

Mein Begleiter trug (wie, während meines Besuches, ich auch selbst) ein elfenbeinhelles Gewand. Ich benutze den Begriff "Gewand", weil es weder den Vorstellungen von der Garderobe eines "Geistes", noch einer mir bekannten irdischen Kleidungsweise entsprach: Im Detail einer Kombination von Hose, weichen Schuhen aus Stoff und einem mittellangen "Kurta-Hemd", welche mich, am ehesten, an eine Bekleidung der Bewohner warmer Breiten erinnerte; sehr leicht auf der Haut und elegant-leger anzusehen.

Als meine Frist verstrichen war, eröffnete mir mein langhaariger Führer, dass ich in meinen irdischen Körper zurückmüsse. Mit freundlich-lachendem Gesicht stand er vor mir und meinte, in schelmisch-verschwörerischem Tonfall: "Wir wollen jetzt ein kleines Experiment wagen, damit Du, nach dem Erwachen im Körper, nicht glaubst, nur geträumt zu haben!"

Sprach die Worte, bückte sich zu den kullernden Kieseln unter unseren Füßen hinunter - wir standen ja im unmittelbaren Bereich der leise an Land klatschenden Wellen - und klaubte eine Anzahl murmelgroßer, nassglänzender Exemplare auf.

Er gab mir jeweils vier, fünf Steinchen in jede meiner hingehaltenen Hände und umschloss sie begütigend mit den seinen.

"Jetzt geh..." - dabei drückte er mich sanft von sich fort.

Im selben Moment wurde ich von einer Kraft, wie schon vor ein paar Tagen, mit ansteigendem Tempo, rückwärts hinweggezogen.

Es wurde dunkel um mich.

Mit einem Stoß im Körper erwachte ich und - es war eigentlich verwunderlich, dass mir dies möglich war - richtete meinen Oberkörper synchron dazu im Bett auf; hatte beide Hände, genau wie eben noch in der Überwelt, zur Faust geballt und war sofort hellwach.

»

Meine Schlafstube erschien mir lichtdurchflutet, obwohl es erst früher Morgen war.

Ich öffnete die Hände - und die Kiesel prasselten, mit dem typischen Geräusch fallender kleiner Steine, auf meine Bettdecke!

Augenblicklich wurde das helle Zimmer um erhebliche Nuancen dunkler. Es war, als ob die Sonne plötzlich von einem

Vorhang verdeckt würde; sogleich lösten sich die, auf meiner Bettdecke verstreuten, Steinchen, vor meinen Augen, in einen feinen Nebel auf - und verschwanden spurlos.

Als ich mich von meinem Erstaunen erholt hatte, stellte ich fest, dass der Himmel wolkengrau verhangen war. Wie konnte dies sein? War der lichterfüllte Raum eine Täuschung gewesen..? Darüber nachsinnend kam ich zu dem Schluss, dass ich wohl so etwas wie ein Astrallicht gesehen hatte, wodurch die Kieselsteine, wie in einer zupassenden Nährlösung, sich auch noch auf unserer irdischen Welt manifestieren konnten - sie mussten sich aber auflösen, als das überirdische Licht sich zurückzog. [1]

Es war fünf Uhr morgens auf der Erdenwelt und ich war um einiges klüger geworden. Ein Gefühl der Dankbarkeit für die jenseitigen Belehrungen ließ mich jetzt nicht mehr schlafen.

Ende der Leseprobe